VORWORT

Die Sammlung "Alles wird gut!" von T&P Books ist für Menschen, die für Tourismus und Geschäftsreisen ins Ausland reisen. Die Sprachführer beinhalten, was am wichtigsten ist - die Grundlagen für eine grundlegende Kommunikation. Dies ist eine unverzichtbare Reihe von Sätzen um zu "überleben", während Sie im Ausland sind.

Dieser Sprachführer wird Ihnen in den meisten Fällen helfen, in denen Sie etwas fragen müssen, Richtungsangaben benötigen, wissen wollen wie viel etwas kostet usw. Es kann auch schwierige Kommunikationssituationen lösen, bei denen Gesten einfach nicht hilfreich sind.

Dieses Buch beinhaltet viele Sätze, die nach den wichtigsten Themen gruppiert wurden. Ein separater Teil des Buches bietet auch ein kleines Wörterbuch mit mehr als 1.500 wichtigen und nützlichen Wörtern. Das Wörterbuch beinhaltet eine praktische Transkription jedes Fremdworts.

Nehmen Sie den "Alles wird gut" Sprachführer mit Ihnen auf die Reise und Sie werden einen unersetzlichen Begleiter haben, der Ihnen helfen wird, Ihren Weg aus jeder Situation zu finden und Ihnen beibringen wird keine Angst beim Sprechen mit Ausländern zu haben.

INHALTSVERZEICHNIS

T&P Books Publishing

SPRACHFÜHRER

— RUSSISCH —

Die nützlichsten Wörter und Sätze

Dieser Sprachführer
beinhaltet die häufigsten
Sätze und Fragen,
die für die grundlegende
Kommunikation mit
Ausländern benötigt wird

Andrey Taranov

T&P BOOKS

Sprachführer + Wörterbuch mit 1500 Wörtern

Sprachführer Deutsch-Russisch und Kompaktwörterbuch mit 1500 Wörtern

Von Andrey Taranov

Die Sammlung "Alles wird gut!" von T&P Books ist für Menschen, die für Tourismus und Geschäftsreisen ins Ausland reisen. Die Sprachführer beinhalten, was am wichtigsten ist - die Grundlagen für eine grundlegende Kommunikation. Dies ist eine unverzichtbare Reihe von Sätzen um zu "überleben", während Sie im Ausland sind.

Ein weiterer Teil des Buches bietet auch ein kleines Wörterbuch mit über 1.500 alphabetisch angeordneten, nützlichen Wörtern. Das Wörterbuch beinhaltet viele gastronomische Begriffe und wird Ihnen hilfreich bei der Bestellung von Essen in einem Restaurant oder beim Kauf von Lebensmitteln im Lebensmittelgeschäft sein.

T&P Books Publishing
www.tpbooks.com

ISBN: 978-1-78492-480-5

Dieses Buch ist auch im E-Book Format erhältlich.
Besuchen Sie uns auch auf www.tpbooks.com oder auf einer der bedeutenden Buchhandlungen online.

AUSSPRACHE

Konsonanten

[b]	абрикос [abrikós]	Brille
[d]	квадрат [kvadrát]	Detektiv
[f]	реформа [refórma]	fünf
[g]	глина [glína]	gelb
[ʒ]	массажист [masaʒíst]	Regisseur
[j]	пресный [présnij]	Jacke
[h], [x]	мех, Пасха [méh], [pásxa]	brauchbar
[k]	кратер [krátɛr]	Kalender
[l]	лиловый [lilóvij]	Juli
[m]	молоко [molokó]	Mitte
[n]	нут, пони [nút], [póni]	nicht
[p]	пират [pirát]	Polizei
[r]	ручей [rutʃéj]	richtig
[s]	суслик [súslik]	sein
[t]	тоннель [tonélʲ]	still
[ʃ]	лишайник [liʃájnik]	Chance
[tʃ]	врач, речь [vrátʃ], [rétʃʲ]	Matsch
[ts]	кузнец [kuznéts]	Gesetz
[ʃʲ]	мощность [móʃʲnostʲ]	schieben
[v]	молитва [molítva]	November
[z]	дизайнер [dizájner]	sein

Zusätzliche Symbole

[ʲ]	дикарь [dikárʲ]	Zeichen für die Palatalisierung
[·]	автопилот [afto·pilót]	Mittelpunkt
[ˊ]	заплата [zapláta]	Hauptbetonung

T&P phonetisches Alphabet	Russisch Beispiel	Deutsch Beispiel

Betonte Vokale

[á]	платье [plátje]	schwarz
[é]	лебедь [lébetʲ]	Pferde
[ǿ]	шахтёр [ʃahtǿr]	Jordanien
[í]	организм [ɔrganízm]	ihr, finden
[ó]	роспись [róspisʲ]	orange
[ú]	инсульт [insúlʲt]	kurz
[ɨ]	добыча [dɔbɨ̃tʃa]	Mitte
[ǽ]	полиэстер [poliǽstɛr]	ärgern
[ʲú], [jú]	салют, юг [salʲút], [júg]	Verzeihung
[ʲá], [já]	связь, я [svʲásʲ], [já]	Jacke

Unbetonte Vokale

[a]	гравюра [gravʲúra]	neutrale Vokale, ähnlich dem Schwa-Laut
[e]	кенгуру [kengurú]	neutrale Vokale, ähnlich dem Schwa-Laut
[ə]	пожалуйста [pɔʒálǝsta]	halte
[i]	рисунок [risúnɔk]	ihr, finden
[ɔ]	железо [ʒelézɔ]	neutrale Vokale, ähnlich dem Schwa-Laut
[u]	вирус [vírus]	kurz
[ɨ]	первый [pérvij]	Mitte
[ɛ]	аэропорт [aɛrɔpórt]	essen
[ʲu], [ju]	брюнет [brʲunét]	Verzeihung
[i], [jɪ]	заяц, язык [záɪts], [jɪzɨ̃k]	neutrale Vokale, ähnlich dem Schwa-Laut
[ʲa], [ja]	няня, копия [nʲánʲa], [kópija]	Jacke

LISTE DER ABKÜRZUNGEN

Deutsch. Abkürzungen

Adj	-	Adjektiv
Adv	-	Adverb
Amtsspr.	-	Amtssprache
f	-	Femininum
f, n	-	Femininum, Neutrum
Fem.	-	Femininum
m	-	Maskulinum
m, f	-	Maskulinum, Femininum
m, n	-	Maskulinum, Neutrum
Mask.	-	Maskulinum
n	-	Neutrum
pl	-	Plural
Sg.	-	Singular
ugs.	-	umgangssprachlich
unzähl.	-	unzählbar
usw.	-	und so weiter
v mod	-	Modalverb
vi	-	intransitives Verb
vi, vt	-	intransitives, transitives Verb
vt	-	transitives Verb
zähl.	-	zählbar
z.B.	-	zum Beispiel

Russisch. Abkürzungen

возв	-	reflexives Verb
ж	-	Femininum
ж мн	-	Femininum plural
м	-	Maskulinum
м мн	-	Maskulinum plural
м, ж	-	Maskulinum, Femininum
мн	-	Plural
н/пх	-	intransitives, transitives Verb
н/св	-	perfektive/imperfektive Aspekt
нпх	-	intransitives Verb
нсв	-	imperfektive Aspekt

пх	-	transitives Verb
с	-	Neutrum
с мн	-	Neutrum plural
св	-	perfektive Aspekt

T&P BOOKS

RUSSISCHER SPRACHFÜHRER

Dieser Teil beinhaltet wichtige Sätze, die sich in verschiedenen realen Situationen als nützlich erweisen können.
Der Sprachführer wird Ihnen dabei helfen nach dem Weg zu fragen, einen Preis zu klären, Tickets zu kaufen und Essen in einem Restaurant zu bestellen.

T&P Books Publishing

INHALT SPRACHFÜHRER

T&P Books Publishing

Das absolute Minimum

Entschuldigen Sie bitte, …	**Извините, …** [izviníte, …]
Hallo.	**Здравствуйте.** [zdrástvujte.]
Danke.	**Спасибо.** [spasíbɔ.]
Auf Wiedersehen.	**До свидания.** [dɔ svidánija.]
Ja.	**Да.** [dá.]
Nein.	**Нет.** [nét.]
Ich weiß nicht.	**Я не знаю.** [já ne znáju.]
Wo? | Wohin? | Wann?	**Где? | Куда? | Когда?** [gdé? | kudá? | kɔgdá?]

Ich brauche …	**Мне нужен …** [mné núʒen …]
Ich möchte …	**Я хочу …** [já hɔʧú …]
Haben Sie …?	**У вас есть …?** [u vás jéstʲ …?]
Gibt es hier …?	**Здесь есть …?** [zdésʲ éstʲ …?]
Kann ich …?	**Я могу …?** [já mɔgú …?]
Bitte (anfragen)	**пожалуйста** [pɔʒálɔsta]

Ich suche …	**Я ищу …** [já iʃʲú …]
die Toilette	**туалет** [tualét]
den Geldautomat	**банкомат** [bankɔmát]
die Apotheke	**аптеку** [aptéku]
das Krankenhaus	**больницу** [bɔlʲnítsu]
die Polizeistation	**полицейский участок** [pɔliʦǽjskij uʧástɔk]
die U-Bahn	**метро** [metró]

das Taxi	такси [taksí]
den Bahnhof	вокзал [vɔkzál]

Ich heiße …	Меня зовут … [menʲá zɔvút …]
Wie heißen Sie?	Как вас зовут? [kák vás zɔvút?]
Helfen Sie mir bitte.	Помогите мне, пожалуйста. [pɔmɔgíte mné, pɔʒálǝsta.]
Ich habe ein Problem.	У меня проблема. [u menʲá prɔbléma.]
Mir ist schlecht.	Мне плохо. [mné plóhɔ.]
Rufen Sie einen Krankenwagen!	Вызовите скорую! [vízɔvite skóruju!]
Darf ich telefonieren?	Могу я позвонить? [mɔgú já pɔzvɔnítʲ?]

Entschuldigung.	Извините. [izviníte.]
Keine Ursache.	Пожалуйста. [pɔʒálǝsta.]

ich	я [já]
du	ты [tí]
er	он [ón]
sie	она [ɔná]
sie (Pl, Mask.)	они [ɔní]
sie (Pl, Fem.)	они [ɔní]
wir	мы [mí]
ihr	вы [ví]
Sie	Вы [ví]

EINGANG	ВХОД [fhód]
AUSGANG	ВЫХОД [víhɔd]
AUßER BETRIEB	НЕ РАБОТАЕТ [ne rabótaet]
GESCHLOSSEN	ЗАКРЫТО [zakrítɔ]

OFFEN	**ОТКРЫТО** [ɔtkrɨtɔ]
FÜR DAMEN	**ДЛЯ ЖЕНЩИН** [dlʲa ʒǽnʃin]
FÜR HERREN	**ДЛЯ МУЖЧИН** [dlʲa muʃín]

Fragen

Wo?	**Где?** [gdé?]
Wohin?	**Куда?** [kudá?]
Woher?	**Откуда?** [ɔtkúda?]
Warum?	**Почему?** [pɔʧemú?]
Wozu?	**Зачем?** [zaʧém?]
Wann?	**Когда?** [kɔgdá?]

Wie lange?	**Как долго?** [kák dólgɔ?]
Um wie viel Uhr?	**Во сколько?** [vɔ skólʲkɔ?]
Wie viel?	**Сколько стоит?** [skólʲkɔ stóit?]
Haben Sie ...?	**У вас есть ...?** [u vás jéstʲ ...?]
Wo befindet sich ...?	**Где находится ...?** [gdé nahóditsa ...?]

Wie spät ist es?	**Который час?** [kɔtórij ʧás?]
Darf ich telefonieren?	**Могу я позвонить?** [mɔgú já pɔzvɔnítʲ?]
Wer ist da?	**Кто там?** [któ tám?]
Darf ich hier rauchen?	**Могу я здесь курить?** [mɔgú já zdésʲ kurítʲ?]
Darf ich ...?	**Я могу ...?** [já mɔgú ...?]

Bedürfnisse

Ich hätte gerne …	**Я бы хотел /хотела/ …** [já bi hotél /hotéla/ …]
Ich will nicht …	**Я не хочу …** [já ne hoʧú …]
Ich habe Durst.	**Я хочу пить.** [já hoʧú pítʲ.]
Ich möchte schlafen.	**Я хочу спать.** [já hoʧú spátʲ.]
Ich möchte …	**Я хочу …** [já hoʧú …]
abwaschen	**умыться** [umī̆tsa]
mir die Zähne putzen	**почистить зубы** [poʧístitʲ zúbi]
eine Weile ausruhen	**немного отдохнуть** [nemnógo otdohnútʲ]
meine Kleidung wechseln	**переодеться** [pereodéʦa]
zurück ins Hotel gehen	**вернуться в гостиницу** [vernúʦa v gostínitsu]
kaufen …	**купить …** [kupítʲ …]
gehen …	**съездить в …** [sjézditʲ f …]
besuchen …	**посетить …** [posetítʲ …]
treffen …	**встретиться с …** [fstrétiʦa s …]
einen Anruf tätigen	**позвонить** [pozvonítʲ]
Ich bin müde.	**Я устал /устала/.** [já ustál /ustála/.]
Wir sind müde.	**Мы устали.** [mī̆ ustáli.]
Mir ist kalt.	**Мне холодно.** [mné hólodno.]
Mir ist heiß.	**Мне жарко.** [mné ʒárko.]
Mir passt es.	**Мне нормально.** [mné normálʲno.]

Ich muss telefonieren.

Мне надо позвонить.
[mné nádɔ pɔzvɔnítʲ.]

Ich muss auf die Toilette.

Мне надо в туалет.
[mné nádɔ f tualét.]

Ich muss gehen.

Мне пора.
[mné pɔrá.]

Ich muss jetzt gehen.

Мне надо идти.
[mné nádɔ itʲtí.]

Wie man nach dem Weg fragt

Entschuldigen Sie bitte, ...

Извините, ...
[izviníte, ...]

Wo befindet sich ...?

Где находится ...?
[gdé nahóditsa ...?]

Welcher Weg ist ...?

В каком направлении находится ...?
[f kakóm napravlénii nahóditsa ...?]

Könnten Sie mir bitte helfen?

Помогите мне, пожалуйста.
[pomogíte mné, poʒáləsta.]

Ich suche ...

Я ищу ...
[já iʃú ...]

Ich suche den Ausgang.

Я ищу выход.
[já iʃú víhot.]

Ich fahre nach ...

Я еду в ...
[já édu f ...]

Gehe ich richtig nach ...?

Я правильно иду ...?
[já právilʲno idú ...?]

Ist es weit?

Это далеко?
[æto dalekó?]

Kann ich dort zu Fuß hingehen?

Я дойду туда пешком?
[já dojdú tudá peʃkóm]

Können Sie es mir auf der Karte zeigen?

Покажите мне на карте, пожалуйста.
[pokaʒíte mne na kárte, poʒáləsta.]

Zeigen Sie mir wo wir gerade sind.

Покажите, где мы сейчас.
[pokaʒíte, gdé mɨ sejtʃás.]

Hier

Здесь
[zdésʲ]

Dort

Там
[tám]

Hierher

Сюда
[sʲudá]

Biegen Sie rechts ab.

Поверните направо.
[poverníte naprávo.]

Biegen Sie links ab.

Поверните налево.
[poverníte nalévo.]

erste (zweite, dritte) Abzweigung

первый (второй, третий) поворот
[pérvij (vtorój, trétij) povorót]

nach rechts

направо
[naprávo]

nach links   **налево**
[nalévɔ]

Laufen Sie geradeaus.   **Идите прямо.**
[idíte prʲámɔ.]

Schilder

HERZLICH WILLKOMMEN!	ДОБРО ПОЖАЛОВАТЬ! [dobró poʒálovatʲ!]
EINGANG	ВХОД [fhód]
AUSGANG	ВЫХОД [vĩhod]

DRÜCKEN	ОТ СЕБЯ [ot sebʲá]
ZIEHEN	НА СЕБЯ [na sebʲá]
OFFEN	ОТКРЫТО [otkrĩto]
GESCHLOSSEN	ЗАКРЫТО [zakrĩto]

FÜR DAMEN	ДЛЯ ЖЕНЩИН [dlʲa ʒænʃin]
FÜR HERREN	ДЛЯ МУЖЧИН [dlʲa muʃín]
HERREN-WC	МУЖСКОЙ ТУАЛЕТ [muʃskój tualét]
DAMEN-WC	ЖЕНСКИЙ ТУАЛЕТ [ʒænskij tualét]

RABATT	REDUZIERT	СКИДКИ [skítki]
AUSVERKAUF	РАСПРОДАЖА [rasprodáʒa]
GRATIS	БЕСПЛАТНО [besplátno]
NEU!	НОВИНКА! [novínka!]
ACHTUNG!	ВНИМАНИЕ! [vnimánie!]

KEINE ZIMMER FREI	МЕСТ НЕТ [mést nét]
RESERVIERT	ЗАРЕЗЕРВИРОВАНО [zarezervírovano]
VERWALTUNG	АДМИНИСТРАЦИЯ [administrátsija]
NUR FÜR PERSONAL	ТОЛЬКО ДЛЯ ПЕРСОНАЛА [tólʲko dlʲa personála]

BISSIGER HUND

ЗЛАЯ СОБАКА
[zlája sɔbáka]

RAUCHEN VERBOTEN!

НЕ КУРИТЬ!
[ne kurítʲ!]

NICHT ANFASSEN!

РУКАМИ НЕ ТРОГАТЬ!
[rukámi ne trógatʲ!]

GEFÄHRLICH

ОПАСНО
[ɔpásnɔ]

GEFAHR

ОПАСНОСТЬ
[ɔpásnɔstʲ]

HOCHSPANNUNG

ВЫСОКОЕ НАПРЯЖЕНИЕ
[vɪsókɔe naprɪʒǽnie]

BADEN VERBOTEN

КУПАТЬСЯ ЗАПРЕЩЕНО
[kupátsa zapreʃenó]

AUßER BETRIEB

НЕ РАБОТАЕТ
[ne rabótaet]

LEICHTENTZÜNDLICH

ОГНЕОПАСНО
[ɔgneɔpásnɔ]

VERBOTEN

ЗАПРЕЩЕНО
[zapreʃenó]

DURCHGANG VERBOTEN

ПРОХОД ЗАПРЕЩЁН
[prɔhót zapreʃǿn]

FRISCH GESTRICHEN

ОКРАШЕНО
[ɔkráʃenɔ]

WEGEN RENOVIERUNG
GESCHLOSSEN

ЗАКРЫТО НА РЕМОНТ
[zakrɪ̃tɔ na remónt]

ACHTUNG BAUARBEITEN

РЕМОНТНЫЕ РАБОТЫ
[remóntnie rabóti]

UMLEITUNG

ОБЪЕЗД
[ɔbjézd]

Transport - Allgemeine Phrasen

Flugzeug	**самолёт** [caмɔlǿt]
Zug	**поезд** [póezd]
Bus	**автобус** [aftóbus]
Fähre	**паром** [paróm]
Taxi	**такси** [taksí]
Auto	**машина** [maʃína]

Zeitplan	**расписание** [raspisánie]
Wo kann ich den Zeitplan sehen?	**Где можно посмотреть расписание?** [gdé mɔ́ʒnɔ pɔsmɔtrétʲ raspisánie?]
Arbeitstage	**рабочие дни** [rabótʃie dní]
Wochenenden	**выходные дни** [vihɔdnɨ̃e dní]
Ferien	**праздничные дни** [práznitʃnie dní]

ABFLUG	**ОТПРАВЛЕНИЕ** [ɔtpravlénie]
ANKUNFT	**ПРИБЫТИЕ** [pribɨ̃tie]
VERSPÄTET	**ЗАДЕРЖИВАЕТСЯ** [zadérʒivaetsa]
GESTRICHEN	**ОТМЕНЁН** [ɔtmenǿn]

nächste (Zug, usw.)	**следующий** [sléduʃʲij]
erste	**первый** [pérvij]
letzte	**последний** [pɔslédnij]

Wann kommt der Nächste …?	**Когда будет следующий …?** [kɔgdá búdet sléduʃʲij …?]
Wann kommt der Erste …?	**Когда отходит первый …?** [kɔgdá ɔtxódit pérvij …?]

Wann kommt der Letzte ...?

Когда уходит последний ...?
[kɔgdá uhódit poslédnij ...?]

Transfer

пересадка
[peresátka]

einen Transfer machen

сделать пересадку
[zdélatʲ peresátku]

Muss ich einen Transfer machen?

Мне нужно делать пересадку?
[mné núʒnɔ délatʲ peresátku?]

Eine Fahrkarte kaufen

Wo kann ich Fahrkarten kaufen?	**Где можно купить билеты?** [gdé móʒnɔ kupítʲ biléti?]
Fahrkarte	**билет** [bilét]
Eine Fahrkarte kaufen	**купить билет** [kupítʲ bilét]
Fahrkartenpreis	**стоимость билета** [stóimɔstʲ biléta]

Wohin?	**Куда?** [kudá?]
Welche Station?	**До какой станции?** [dɔ kakój stántsii?]
Ich brauche …	**Мне нужно …** [mné núʒnɔ …]
eine Fahrkarte	**один билет** [ɔdín bilét]
zwei Fahrkarten	**два билета** [dvá biléta]
drei Fahrkarten	**три билета** [trí biléta]

in eine Richtung	**в один конец** [v ɔdín kɔnéts]
hin und zurück	**туда и обратно** [tudá i ɔbrátnɔ]
erste Klasse	**первый класс** [pérvij klás]
zweite Klasse	**второй класс** [ftɔrój klás]

heute	**сегодня** [sevódnʲa]
morgen	**завтра** [záftra]
übermorgen	**послезавтра** [pɔslezáftra]
am Vormittag	**утром** [útrɔm]
am Nachmittag	**днём** [dnʲǿm]
am Abend	**вечером** [vétʃerɔm]

Gangplatz

место у прохода
[méstɔ u prɔhóda]

Fensterplatz

место у окна
[méstɔ u ɔkná]

Wie viel?

Сколько?
[skólʲkɔ?]

Kann ich mit Karte zahlen?

Могу я заплатить карточкой?
[mɔgú já zaplatítʲ kártɔʧkɔj?]

Bus

Bus	**автобус** [aftóbus]
Fernbus	**междугородний автобус** [meʒdugɔródnij aftóbus]
Bushaltestelle	**автобусная остановка** [aftóbusnaja ɔstanófka]
Wo ist die nächste Bushaltestelle?	**Где ближайшая автобусная остановка?** [gdé bliʒájʃaja aftóbusnaja ɔstanófka?]

Nummer	**номер** [nómer]
Welchen Bus nehme ich um nach ... zu kommen?	**Какой автобус идёт до ...?** [kakój aftóbus idǿt dɔ ...?]
Fährt dieser Bus nach ...?	**Этот автобус идёт до ...?** [ǽtɔt aftóbus idǿt dɔ ...?]
Wie oft fahren die Busse?	**Как часто ходят автобусы?** [kák tʃástɔ hódʲat aftóbusi?]

alle fünfzehn Minuten	**каждые 15 минут** [káʒdie pitnátsatʲ minút]
jede halbe Stunde	**каждые полчаса** [káʒdie pɔltʃasá]
jede Stunde	**каждый час** [káʒdij tʃás]
mehrmals täglich	**несколько раз в день** [néskɔlʲkɔ rás v dénʲ]
... Mal am Tag	**... раз в день** [... ras v dénʲ]

Zeitplan	**расписание** [raspisánie]
Wo kann ich den Zeitplan sehen?	**Где можно посмотреть расписание?** [gdé móʒnɔ pɔsmɔtrétʲ raspisánie?]
Wann kommt der nächste Bus?	**Когда будет следующий автобус?** [kɔgdá búdet sléduʃij aftóbus?]
Wann kommt der erste Bus?	**Когда отходит первый автобус?** [kɔgdá ɔtxódit pérvij aftóbus?]
Wann kommt der letzte Bus?	**Когда уходит последний автобус?** [kɔgdá uhódit pɔslédnij aftóbus?]

Halt	**остановка** [ɔstanófka]
Nächster Halt	**следующая остановка** [sléduʃaja ɔstanófka]
Letzter Halt	**конечная остановка** [kɔnétʃnaja ɔstanófka]
Halten Sie hier bitte an.	**Остановите здесь, пожалуйста.** [ɔstanɔvíte zdésʲ, pɔʒáləsta.]
Entschuldigen Sie mich, dies ist meine Haltestelle.	**Разрешите, это моя остановка.** [razreʃíte, ǽtɔ mɔjá ɔstanófka.]

Zug

Zug	**поезд** [póezd]
S-Bahn	**пригородный поезд** [prígorodnij póezd]
Fernzug	**поезд дальнего следования** [póezd dálʲnevo slédovanija]
Bahnhof	**вокзал** [vokzál]
Entschuldigen Sie bitte, wo ist der Ausgang zum Bahngleis?	**Извините, где выход к поездам?** [izviníte, gdé vîhot k poezdám?]

Fährt dieser Zug nach …?	**Этот поезд идёт до …?** [ǽtot póezd idǿt do …?]
nächste Zug	**следующий поезд** [sléduʃij póezd]
Wann kommt der nächste Zug?	**Когда будет следующий поезд?** [kogdá búdet sléduʃij póezd?]
Wo kann ich den Zeitplan sehen?	**Где можно посмотреть расписание?** [gdé móʒno posmotrétʲ raspisánie?]
Von welchem Bahngleis?	**С какой платформы?** [s kakój platfórmi?]
Wann kommt der Zug in … an?	**Когда поезд прибывает в …?** [kogdá póezd pribiváet f …?]

Helfen Sie mir bitte.	**Помогите мне, пожалуйста.** [pomogíte mné, poʒálosta.]
Ich suche meinen Platz.	**Я ищу своё место.** [já iʃʲú svojó mésto.]
Wir suchen unsere Plätze.	**Мы ищем наши места.** [mî íʃʲem náʃi mestá.]
Unser Platz ist besetzt.	**Моё место занято.** [mojó mésto zánito.]
Unsere Plätze sind besetzt.	**Наши места заняты.** [náʃi mestá zániti.]

Entschuldigen Sie, aber das ist mein Platz.	**Извините, пожалуйста,** **но это моё место.** [izviníte, poʒálosta, nó ǽto mojó mésto.]
Ist der Platz frei?	**Это место свободно?** [ǽto mésto svobódno?]
Darf ich mich hier setzen?	**Могу я здесь сесть?** [mogú já zdésʲ séstʲ?]

Im Zug - Dialog (Keine Fahrkarte)

Fahrkarte bitte.

Ваш билет, пожалуйста.
[váʃ bilét, pɔʒáləsta.]

Ich habe keine Fahrkarte.

У меня нет билета.
[u menʲá nét biléta.]

Ich habe meine Fahrkarte verloren.

Я потерял /потеряла/ свой билет.
[já poterʲál /poterʲála/ svój bilét.]

Ich habe meine Fahrkarte
zuhause vergessen.

Я забыл /забыла/ билет дома.
[já zabī́l /zabī́la/ bilét dóma.]

Sie können von mir
eine Fahrkarte kaufen.

Вы можете купить билет у меня.
[vī́ móʒete kupítʲ bilét u menʲá.]

Sie werden auch eine Strafe zahlen.

**Вам ещё придётся
заплатить штраф.**
[vam eʃǿ pridǿtsʲa
zaplatítʲ ʃtráf.]

Gut.

Хорошо.
[hɔrɔʃó.]

Wohin fahren Sie?

Куда вы едете?
[kudá vī́ edete?]

Ich fahre nach ...

Я еду до ...
[já édu dɔ ...]

Wie viel? Ich verstehe nicht.

Сколько? Я не понимаю.
[skólʲkɔ? já ne pɔnimáju.]

Schreiben Sie es bitte auf.

Напишите, пожалуйста.
[napiʃīte, pɔʒáləsta.]

Gut. Kann ich mit Karte zahlen?

**Хорошо. Могу я заплатить
карточкой?**
[hɔrɔʃó. mɔgú já
zaplatítʲ kártɔtʃkɔj?]

Ja, das können Sie.

Да, можете.
[dá, móʒete.]

Hier ist ihre Quittung.

Вот ваша квитанция.
[vót váʃa kvitántsija.]

Tut mir leid wegen der Strafe.

Сожалею о штрафе.
[sɔʒiɫéju ɔ ʃtráfe.]

Das ist in Ordnung. Es ist meine Schuld.

Это ничего. Это моя вина.
[ǽtɔ nitʃevó. ǽtɔ mɔjá viná.]

Genießen Sie Ihre Fahrt.

Приятной вам поездки.
[prijátnɔj vam pɔéstki.]

Taxi

Taxi	**такси** [taksí]
Taxifahrer	**таксист** [taksíst]
Ein Taxi nehmen	**поймать такси** [pɔjmátʲ taksí]
Taxistand	**стоянка такси** [stɔjánka taksí]
Wo kann ich ein Taxi bekommen?	**Где я могу взять такси?** [gdé já mɔgú vzʲátʲ taksí?]
Ein Taxi rufen	**вызвать такси** [vízvatʲ taksí]
Ich brauche ein Taxi.	**Мне нужно такси.** [mné núʒnɔ taksí.]
Jetzt sofort.	**Прямо сейчас.** [prʲámɔ sejʧás.]
Wie ist Ihre Adresse? (Standort)	**Ваш адрес?** [váʃ ádres?]
Meine Adresse ist …	**Мой адрес …** [mój ádres …]
Ihr Ziel?	**Куда вы поедете?** [kudá vī pɔédete?]
Entschuldigen Sie bitte, …	**Извините, …** [izviníte, …]
Sind Sie frei?	**Вы свободны?** [vī svɔbódnī?]
Was kostet die Fahrt nach …?	**Сколько стоит доехать до …?** [skólʲkɔ stóit dɔéhatʲ dɔ …?]
Wissen Sie wo es ist?	**Вы знаете, где это?** [vī znáete, gdé ǽtɔ?]
Flughafen, bitte.	**В аэропорт, пожалуйста.** [v aɛrɔpórt, pɔʒálǝsta.]
Halten Sie hier bitte an.	**Остановитесь здесь, пожалуйста.** [ɔstanɔvíte zdésʲ, pɔʒálǝsta.]
Das ist nicht hier.	**Это не здесь.** [ǽtɔ ne zdésʲ.]
Das ist die falsche Adresse.	**Это неправильный адрес.** [ǽtɔ neprávilʲnij ádres.]
nach links	**Сейчас налево.** [sejʧás nalévɔ.]
nach rechts	**Сейчас направо.** [sejʧás naprávɔ.]

Was schulde ich Ihnen?	**Сколько я вам должен /должна/?** [skólʲkɔ ja vam dólʒen /dolʒná/?]
Ich würde gerne ein Quittung haben, bitte.	**Дайте мне чек, пожалуйста.** [dájte mne ʧék, pɔʒálǝsta.]
Stimmt so.	**Сдачи не надо.** [zdátʃi ne nádɔ.]

Warten Sie auf mich bitte	**Подождите меня, пожалуйста.** [pɔdɔʒdíte menʲá, pɔʒálǝsta.]
fünf Minuten	**5 минут** [pʲátʲ minút]
zehn Minuten	**10 минут** [désitʲ minút]
fünfzehn Minuten	**15 минут** [pitnátsatʲ minút]
zwanzig Minuten	**20 минут** [dvátsatʲ minút]
eine halbe Stunde	**полчаса** [pɔlʧasá]

Hotel

Guten Tag.	**Здравствуйте.** [zdrástvujte.]
Mein Name ist …	**Меня зовут …** [menʲá zɔvút …]
Ich habe eine Reservierung.	**Я резервировал /резервировала/ номер.** [já rezervírɔval /rezervírɔvala/ nómer.]

Ich brauche …	**Мне нужен …** [mné núʒen …]
ein Einzelzimmer	**одноместный номер** [ɔdnɔmésnij nómer]
ein Doppelzimmer	**двухместный номер** [dvuh·mésnij nómer]
Wie viel kostet das?	**Сколько он стоит?** [skólʲkɔ ɔn stóit?]
Das ist ein bisschen teuer.	**Это немного дорого.** [ǽtɔ nemnógɔ dórɔgɔ.]

Haben Sie sonst noch etwas?	**У вас есть ещё что-нибудь?** [u vás jéstʲ eʃǿ ʃtó-nibutʲ?]
Ich nehme es.	**Я возьму его.** [já vɔzʲmú evó.]
Ich zahle bar.	**Я заплачу наличными.** [já zaplaʧú nalíʧnimi.]

Ich habe ein Problem.	**У меня проблема.** [u menʲá prɔbléma.]
Mein … ist kaputt.	**Мой … сломан /Моя … сломана/** [mój … slóman /mɔjá … slómana/]
Mein … ist außer Betrieb.	**Мой /Моя/ … не работает.** [mój /mɔjá/ … né rabótaet.]
Fernseher	**телевизор** [televízɔr]
Klimaanlage	**кондиционер** [kɔnditsiɔnér]
Wasserhahn	**кран** [krán]

Dusche	**душ** [dúʃ]
Waschbecken	**раковина** [rákɔvina]

Safe	**сейф** [séjf]
Türschloss	**замок** [zámɔk]
Steckdose	**розетка** [rɔzétka]
Föhn	**фен** [fén]

Ich habe kein …	**У меня нет …** [u menʲá nét …]
Wasser	**воды** [vódi]
Licht	**света** [svéta]
Strom	**электричества** [ɛlektríʧestva]

Können Sie mir … geben?	**Можете мне дать …?** [móʒete mne dátʲ …?]
ein Handtuch	**полотенце** [pɔlɔténʦe]
eine Decke	**одеяло** [ɔdejálɔ]
Hausschuhe	**тапочки** [tápɔʧki]
einen Bademantel	**халат** [halát]
etwas Shampoo	**шампунь** [ʃampúnʲ]
etwas Seife	**мыло** [mílɔ]

Ich möchte ein anderes Zimmer haben.	**Я хотел бы /хотела бы/ поменять номер.** [já hɔtél bi /hɔtéla bi/ pomenʲátʲ nómer.]
Ich kann meinen Schlüssel nicht finden.	**Я не могу найти свой ключ.** [já ne mɔgú najtí svój klʲúʧ.]
Machen Sie bitte meine Tür auf	**Откройте мой номер, пожалуйста.** [ɔtkrójte mój nómer, pɔʒálǝsta.]
Wer ist da?	**Кто там?** [któ tám?]
Kommen Sie rein!	**Войдите!** [vɔjdíte!]
Einen Moment bitte!	**Одну минуту!** [ɔdnú minútu!]

Nicht jetzt bitte.	**Пожалуйста, не сейчас.** [pɔʒálǝsta, ne sejʧás.]
Kommen Sie bitte in mein Zimmer.	**Зайдите ко мне, пожалуйста.** [zajdíte kɔ mné, pɔʒálǝsta.]

| Ich würde gerne Essen bestellen. | **Я хочу сделать заказ еды в номер.**
[já hoʧú zdélatʲ zakás edī v nómer.] |
| Meine Zimmernummer ist ... | **Мой номер комнаты ...**
[mój nómer kómnatɨ ...] |

Ich reise ... ab.	**Я уезжаю ...** [já ueʒʒáju ...]
Wir reisen ... ab.	**Мы уезжаем ...** [mī ueʒʒáem ...]
jetzt	**сейчас** [sejʧás]
diesen Nachmittag	**сегодня после обеда** [sevódnʲa pósle ɔbéda]
heute Abend	**сегодня вечером** [sevódnʲa véʧerɔm]
morgen	**завтра** [záftra]
morgen früh	**завтра утром** [záftra útrɔm]
morgen Abend	**завтра вечером** [záftra veʧerɔm]
übermorgen	**послезавтра** [pɔslezáftra]

Ich möchte die Zimmerrechnung begleichen.	**Я хотел бы /хотела бы/ рассчитаться.** [já hɔtél bɨ /hɔtéla bɨ/ rasʃitátsa.]
Alles war wunderbar.	**Всё было отлично.** [fsǿ bīlɔ ɔtlíʧnɔ.]
Wo kann ich ein Taxi bekommen?	**Где я могу взять такси?** [gdé já mɔgú vzʲátʲ taksí?]
Würden Sie bitte ein Taxi für mich holen?	**Вызовите мне такси, пожалуйста.** [vīzɔvite mne taksí, pɔʒáləsta.]

Restaurant

Könnte ich die Speisekarte sehen bitte?
Могу я посмотреть ваше меню?
[mɔgú já pɔsmɔtrétʲ váʃe menʲú?]

Tisch für einen.
Столик для одного.
[stólik dlʲa ɔdnɔvó.]

Wir sind zu zweit (dritt, viert).
Нас двое (трое, четверо).
[nás dvóe (tróe, ʧétverɔ).]

Raucher
Для курящих
[dlʲa kurʲáʃʲih]

Nichtraucher
Для некурящих
[dlʲa nekurʲáʃʲih]

Entschuldigen Sie mich!
(Einen Kellner ansprechen)
Будьте добры!
[bútʲte dɔbrĩ́]

Speisekarte
меню
[menʲú]

Weinkarte
карта вин
[kárta vín]

Die Speisekarte bitte.
Меню, пожалуйста.
[menʲú, pɔʒáləsta.]

Sind Sie bereit zum bestellen?
Вы готовы сделать заказ?
[vĩ gɔtóvi zdélatʲ zakás?]

Was würden Sie gerne haben?
Что вы будете заказывать?
[ʃtó vĩ búdete zakázivatʲ?]

Ich möchte ...
Я буду ...
[já búdu ...]

Ich bin Vegetarier.
Я вегетарианец /вегетарианка/.
[já vegetariánets /vegetariánka/.]

Fleisch
мясо
[mʲásɔ]

Fisch
рыба
[rĩ́ba]

Gemüse
овощи
[óvɔʃʲi]

Haben Sie vegetarisches Essen?
У вас есть вегетарианские блюда?
[u vás jéstʲ vegetariánskie blʲúda?]

Ich esse kein Schweinefleisch.
Я не ем свинину.
[já ne ém svinínu.]

Er /Sie/ isst kein Fleisch.
Он /она/ не ест мясо.
[ón /ɔná/ ne ést mʲásɔ.]

Ich bin allergisch auf ...
У меня аллергия на ...
[u menʲá alergíja na ...]

Könnten Sie mir bitte … Bringen. **Принесите мне, пожалуйста …**
[prinesíte mné, pɔʒáləsta …]

Salz | Pfeffer | Zucker **соль | перец | сахар**
[sólʲ | péreʦ | sáhar]

Kaffee | Tee | Nachtisch **кофе | чай | десерт**
[kófe | ʧáj | desért]

Wasser | Sprudel | stilles **вода | с газом | без газа**
[vóda | s gázɔm | bez gáza]

einen Löffel | eine Gabel | ein Messer **ложка | вилка | нож**
[lóʃka | vílka | nóʃ]

einen Teller | eine Serviette **тарелка | салфетка**
[tarélka | salfétka]

Guten Appetit! **Приятного аппетита!**
[prijátnɔvɔ apetíta!]

Noch einen bitte. **Принесите ещё, пожалуйста.**
[prinesíte eʃʲǿ, pɔʒáləsta.]

Es war sehr lecker. **Было очень вкусно.**
[bílɔ óʧenʲ fkúsnɔ.]

Scheck | Wechselgeld | Trinkgeld **счёт | сдача | чаевые**
[ʃǿt | zdáʧa | ʧaevíje]

Zahlen bitte. **Счёт, пожалуйста.**
[ʃǿt, pɔʒáləsta.]

Kann ich mit Karte zahlen? **Могу я заплатить карточкой?**
[mɔgú já zaplatítʲ kártɔʧkɔj?]

Entschuldigen Sie, hier ist ein Fehler. **Извините, здесь ошибка.**
[izviníte, zdésʲ ɔʃípka.]

Einkaufen

Kann ich Ihnen behilflich sein?	**Могу я вам помочь?** [mɔgú já vam pɔmótʃ?]
Haben Sie ...?	**У вас есть ...?** [u vás jéstʲ ...?]
Ich suche ...	**Я ищу ...** [já iʃú ...]
Ich brauche ...	**Мне нужен ...** [mné núʒen ...]

Ich möchte nur schauen.	**Я просто смотрю.** [já próstɔ smɔtrʲú.]
Wir möchten nur schauen.	**Мы просто смотрим.** [mɨ próstɔ smótrim.]
Ich komme später noch einmal zurück.	**Я зайду позже.** [já zajdú póʒʒe.]
Wir kommen später vorbei.	**Мы зайдём позже.** [mɨ zajdʲóm póʒʒe.]
Rabatt | Ausverkauf	**скидки | распродажа** [skítki | rasprɔdáʒa]

Zeigen Sie mir bitte ...	**Покажите мне, пожалуйста ...** [pɔkaʒíte mné, pɔʒálǝsta ...]
Geben Sie mir bitte ...	**Дайте мне, пожалуйста ...** [dájte mne, pɔʒálǝsta ...]
Kann ich es anprobieren?	**Могу я это примерить?** [mɔgú já ǽtɔ primérʲitʲ?]
Entschuldigen Sie bitte, wo ist die Anprobe?	**Извините, где примерочная?** [izviníte, gdé primérɔtʃnaja?]
Welche Farbe mögen Sie?	**Какой цвет вы хотите?** [kakój tsvét vɨ hɔtíte?]
Größe | Länge	**размер | рост** [razmér | róst]
Wie sitzt es?	**Подошло?** [pɔdɔʃló?]

Was kostet das?	**Сколько это стоит?** [skólʲkɔ ǽtɔ stóit?]
Das ist zu teuer.	**Это слишком дорого.** [ǽtɔ slíʃkɔm dórɔgɔ.]
Ich nehme es.	**Я возьму это.** [já vɔzʲmú ǽtɔ.]
Entschuldigen Sie bitte, wo ist die Kasse?	**Извините, где касса?** [izviníte, gdé kássa?]

| Zahlen Sie Bar oder mit Karte? | **Как вы будете платить?**
[kák vɨ búdete platítʲ?] |
| in Bar \| mit Karte | **наличными \| карточкой**
[nalítʃnimi \| kártɔtʃkɔj] |

Brauchen Sie die Quittung?	**Вам нужен чек?** [vam núʒen tʃék?]
Ja, bitte.	**Да, будьте добры.** [dá, bútʲte dɔbrɨ́.]
Nein, es ist ok.	**Нет, не надо. Спасибо.** [nét, ne nádɔ. spasíbɔ.]
Danke. Einen schönen Tag noch!	**Спасибо. Всего хорошего!** [spasíbɔ. fsevó hɔróʃevɔ!]

In der Stadt

Entschuldigen Sie bitte, ...	**Извините, пожалуйста ...** [izviníte, pɔʒálǝsta ...]
Ich suche ...	**Я ищу ...** [já iʃʲú ...]
die U-Bahn	**метро** [metró]
mein Hotel	**свою гостиницу** [svɔjú gɔstínitsu]
das Kino	**кинотеатр** [kinɔteátr]
den Taxistand	**стоянку такси** [stɔjánku taksí]
einen Geldautomat	**банкомат** [bankɔmát]
eine Wechselstube	**обмен валют** [ɔbmén valʲút]
ein Internetcafé	**интернет-кафе** [intɛrnǽt-kafé]
die ... -Straße	**улицу ...** [úlitsu ...]
diesen Ort	**вот это место** [vót ǽtɔ méstɔ]
Wissen Sie, wo ... ist?	**Вы не знаете, где находится ...?** [vī ne znáete, gdé nahóditsa ...?]
Wie heißt diese Straße?	**Как называется эта улица?** [kák naziváetsa ǽta úlitsa?]
Zeigen Sie mir wo wir gerade sind.	**Покажите, где мы сейчас.** [pɔkaʒíte, gdé mī sejtʃás.]
Kann ich dort zu Fuß hingehen?	**Я дойду туда пешком?** [já dɔjdú tudá peʃkóm]
Haben Sie einen Stadtplan?	**У вас есть карта города?** [u vás jéstʲ kárta górɔda?]
Was kostet eine Eintrittskarte?	**Сколько стоит билет?** [skólʲkɔ stóit bilét?]
Darf man hier fotografieren?	**Здесь можно фотографировать?** [zdésʲ móʒnɔ fɔtɔgrafírɔvatʲ?]
Haben Sie offen?	**Вы открыты?** [vī ɔtkrī́ti?]

Wann öffnen Sie?

Во сколько вы открываетесь?
[vɔ skólʲkɔ vī ɔtkriváetesʲ?]

Wann schließen Sie?

До которого часа вы работаете?
[dɔ kɔtórɔvɔ ʧása vī rabótaete?]

Geld

Geld	деньги [dénʲgi]
Bargeld	наличные деньги [nalítʃnie dénʲgi]
Papiergeld	бумажные деньги [bumáʒnie dénʲgi]
Kleingeld	мелочь [mélɔtʃʲ]
Scheck | Wechselgeld | Trinkgeld	счёт | сдача | чаевые [ʃ́ɵt | zdátʃa | tʃaevɪ̃je]

Kreditkarte	кредитная карточка [kredítnaja kártɔtʃka]
Geldbeutel	бумажник [bumáʒnik]
kaufen	покупать [pɔkupátʲ]
zahlen	платить [platítʲ]
Strafe	штраф [ʃtráf]
kostenlos	бесплатно [besplátnɔ]

Wo kann ich ... kaufen?	Где я могу купить ...? [gdé já mɔgú kupítʲ ...?]
Ist die Bank jetzt offen?	Банк сейчас открыт? [bánk sejtʃás ɔtkrı̃t?]
Wann öffnet sie?	Во сколько он открывается? [vɔ skólʲkɔ ón ɔtkriváetsa?]
Wann schließt sie?	До которого часа он работает? [dɔ kɔtórɔvɔ tʃása ón rabótaet?]

Wie viel?	Сколько? [skólʲkɔ?]
Was kostet das?	Сколько это стоит? [skólʲkɔ ǽtɔ stóit?]
Das ist zu teuer.	Это слишком дорого. [ǽtɔ slíʃkɔm dórɔgɔ.]

Entschuldigen Sie bitte, wo ist die Kasse?	Извините, где касса? [izviníte, gdé kássa?]
Ich möchte zahlen.	Счёт, пожалуйста. [ʃ́ɵt, pɔʒáləsta.]

Kann ich mit Karte zahlen?

Могу я заплатить карточкой?
[mɔgú já zaplatítʲ kártɔtʃkɔj?]

Gibt es hier einen Geldautomat?

Здесь есть банкомат?
[zdésʲ éstʲ bankɔmát?]

Ich brauche einen Geldautomat.

Мне нужен банкомат.
[mne núʒen bankɔmát.]

Ich suche eine Wechselstube.

Я ищу обмен валют.
[já iʃú ɔbmén valʲút.]

Ich möchte ... wechseln.

Я бы хотел /хотела/ поменять ...
[já bɨ hɔtél /hɔtéla/ pɔmenʲátʲ ...]

Was ist der Wechselkurs?

Какой курс обмена?
[kakój kúrs ɔbména?]

Brauchen Sie meinen Reisepass?

Вам нужен мой паспорт?
[vam núʒen mój páspɔrt?]

Zeit

Wie spät ist es?	**Который час?** [kɔtórij tʃás?]
Wann?	**Когда?** [kɔgdá?]
Um wie viel Uhr?	**Во сколько?** [vɔ skólʲkɔ?]
jetzt | später | nach …	**сейчас | позже | после …** [sejtʃás | póʒʒe | pósle …]

ein Uhr	**Час дня** [tʃás dnʲá]
Viertel zwei	**Час пятнадцать** [tʃás pitnátsatʲ]
Ein Uhr dreißig	**Час тридцать** [tʃás trítsatʲ]
Viertel vor zwei	**Без пятнадцати два** [bes pitnátsati dvá]

eins | zwei | drei	**один | два | три** [ɔdín | dvá | trí]
vier | fünf | sechs	**четыре | пять | шесть** [tʃetíre | pʲátʲ | ʃæstʲ]
sieben | acht | neun	**семь | восемь | девять** [sémʲ | vósemʲ | dévɪtʲ]
zehn | elf | zwölf	**десять | одиннадцать | двенадцать** [désitʲ | ɔdínatsatʲ | dvenátsatʲ]

in …	**через …** [tʃéres …]
fünf Minuten	**5 минут** [pʲátʲ minút]
zehn Minuten	**10 минут** [désitʲ minút]
fünfzehn Minuten	**15 минут** [pitnátsatʲ minút]
zwanzig Minuten	**20 минут** [dvátsatʲ minút]
einer halben Stunde	**полчаса** [pɔltʃasá]
einer Stunde	**один час** [ɔdín tʃás]

am Vormittag	**утром** [útrɔm]
früh am Morgen	**рано утром** [ránɔ útrɔm]
diesen Morgen	**сегодня утром** [sevódnʲa útrɔm]
morgen früh	**завтра утром** [záftra útrɔm]
am Mittag	**в обед** [v ɔbéd]
am Nachmittag	**после обеда** [pósle ɔbéda]
am Abend	**вечером** [vétʃerɔm]
heute Abend	**сегодня вечером** [sevódnʲa vétʃerɔm]
in der Nacht	**ночью** [nótʃju]
gestern	**вчера** [ftʃerá]
heute	**сегодня** [sevódnʲa]
morgen	**завтра** [záftra]
übermorgen	**послезавтра** [pɔslezáftra]
Welcher Tag ist heute?	**Какой сегодня день?** [kakój sevódnʲa dénʲ?]
Es ist …	**Сегодня …** [sevódnʲa …]
Montag	**понедельник** [pɔnedélʲnik]
Dienstag	**вторник** [ftórnik]
Mittwoch	**среда** [sredá]
Donnerstag	**четверг** [tʃetvérg]
Freitag	**пятница** [pʲátnitsa]
Samstag	**суббота** [subóta]
Sonntag	**воскресенье** [vɔskresénje]

Begrüßungen und Vorstellungen

Hallo.	**Здравствуйте.** [zdrástvujte.]
Freut mich, Sie kennen zu lernen.	**Рад /рада/ с вами познакомиться.** [rát /ráda/ s vámi poznakómitsa.]
Ganz meinerseits.	**Я тоже.** [ja tóʒe.]
Darf ich vorstellen? Das ist ...	**Знакомьтесь. Это ...** [znakómʲtesʲ. ǽto ...]
Sehr angenehm.	**Очень приятно.** [óʧenʲ prijátnɔ.]

Wie geht es Ihnen?	**Как вы? | Как у вас дела?** [kák vɨ? | kák u vás delá?]
Ich heiße ...	**Меня зовут ...** [menʲá zovút ...]
Er heißt ...	**Его зовут ...** [evó zovút ...]
Sie heißt ...	**Её зовут ...** [ejó zovút ...]
Wie heißen Sie?	**Как вас зовут?** [kák vás zovút?]
Wie heißt er?	**Как его зовут?** [kák evó zovút?]
Wie heißt sie?	**Как ее зовут?** [kák ejó zovút?]

Wie ist Ihr Nachname?	**Как ваша фамилия?** [kák váʃa famílija?]
Sie können mich ... nennen.	**Зовите меня ...** [zovíte menʲá ...]
Woher kommen Sie?	**Откуда вы?** [ɔtkúda vɨ?]
Ich komme aus ...	**Я из ...** [ja ís ...]
Was machen Sie beruflich?	**Кем вы работаете?** [kém vɨ rabótaete?]
Wer ist das?	**Кто это?** [któ ǽtɔ?]
Wer ist er?	**Кто он?** [któ ón?]
Wer ist sie?	**Кто она?** [któ ɔná?]
Wer sind sie?	**Кто они?** [któ ɔní?]

Das ist …	**Это …** [áɛtɔ …]
mein Freund	**мой друг** [mój drúg]
meine Freundin	**моя подруга** [mɔjá pɔdrúga]
mein Mann	**мой муж** [mój múʃ]
meine Frau	**моя жена** [mɔjá ʒená]
mein Vater	**мой отец** [mój ɔtéʦ]
meine Mutter	**моя мама** [mɔjá máma]
mein Bruder	**мой брат** [mój brát]
meine Schwester	**моя сестра** [mɔjá sestrá]
mein Sohn	**мой сын** [mój sɪ̃n]
meine Tochter	**моя дочь** [mɔjá dótʃ]
Das ist unser Sohn.	**Это наш сын.** [áɛtɔ náʃ sɪ̃n.]
Das ist unsere Tochter.	**Это наша дочь.** [áɛtɔ náʃa dótʃ.]
Das sind meine Kinder.	**Это мои дети.** [áɛtɔ mɔí déti.]
Das sind unsere Kinder.	**Это наши дети.** [áɛtɔ náʃi déti.]

Verabschiedungen

Auf Wiedersehen!
До свидания!
[dɔ svidánija!]

Tschüss!
Пока!
[pɔká!]

Bis morgen.
До завтра.
[dɔ záftra.]

Bis bald.
До встречи.
[dɔ fstrétʃi.]

Bis um sieben.
Встретимся в семь.
[fstrétimsʲa f sémʲ.]

Viel Spaß!
Развлекайтесь!
[razvlekájtesʲ!]

Wir sprechen später.
Поговорим попозже.
[pɔgɔvɔrím pɔpóʒʒe.]

Ich wünsche Ihnen ein schönes Wochenende.
Удачных выходных.
[udátʃnih vihɔdnīh.]

Gute Nacht.
Спокойной ночи.
[spɔkójnɔj nótʃi.]

Es ist Zeit, dass ich gehe.
Мне пора.
[mné pɔrá.]

Ich muss gehen.
Мне надо идти.
[mné nádɔ itʲtí.]

Ich bin gleich wieder da.
Я сейчас вернусь.
[já sejtʃás vernúsʲ.]

Es ist schon spät.
Уже поздно.
[uʒǽ póznɔ.]

Ich muss früh aufstehen.
Мне рано вставать.
[mné ránɔ fstavátʲ.]

Ich reise morgen ab.
Я завтра уезжаю.
[já záftra ueʒʒáju.]

Wir reisen morgen ab.
Мы завтра уезжаем.
[mī záftra ueʒʒáem.]

Ich wünsche Ihnen eine gute Reise!
Счастливой поездки!
[ʃislívɔj pɔéstki!]

Hat mich gefreut, Sie kennen zu lernen.
Было приятно с вами познакомиться.
[bīlɔ prijátnɔ s vámi pɔznakómitsa.]

Hat mich gefreut mit Ihnen zu sprechen.
Было приятно с вами пообщаться.
[bīlɔ prijátnɔ s vámi pɔɔpʃátsa.]

Danke für alles.	**Спасибо за всё.** [spasíbo za fsǿ.]
Ich hatte eine sehr gute Zeit.	**Я прекрасно провёл /провела/ время.** [já prekrásno provǿl /provelá/ vrém'a.]
Wir hatten eine sehr gute Zeit.	**Мы прекрасно провели время.** [mī prekrásno provelí vrém'a.]
Es war wirklich toll.	**Всё было замечательно.** [fsǿ bīlo zametʃátel'no.]
Ich werde Sie vermissen.	**Я буду скучать.** [já búdu skutʃát'.]
Wir werden Sie vermissen.	**Мы будем скучать.** [mī búdem skutʃát'.]
Viel Glück!	**Удачи! Счастливо!** [udátʃi!, ʃáslivo!]
Grüßen Sie …	**Передавайте привет …** [peredavájte privét …]

Fremdsprache

Ich verstehe nicht.	**Я не понимаю.** [já ne pɔnimáju.]
Schreiben Sie es bitte auf.	**Напишите это, пожалуйста.** [napiʃíte ǽtɔ, pɔʒáləsta.]
Sprechen Sie ...?	**Вы знаете ...?** [vɨ znáete ...?]

Ich spreche ein bisschen ...	**Я немного знаю ...** [já nemnógɔ znáju ...]
Englisch	**английский** [anglíjskij]
Türkisch	**турецкий** [turétskij]
Arabisch	**арабский** [arápskij]
Französisch	**французский** [frantsúskij]

Deutsch	**немецкий** [nemétskij]
Italienisch	**итальянский** [italjánskij]
Spanisch	**испанский** [ispánskij]
Portugiesisch	**португальский** [pɔrtugálʲskij]
Chinesisch	**китайский** [kitájskij]
Japanisch	**японский** [jɪpónskij]

Können Sie das bitte wiederholen.	**Повторите, пожалуйста.** [pɔftɔríte, pɔʒáləsta.]
Ich verstehe.	**Я понимаю.** [já pɔnimáju.]
Ich verstehe nicht.	**Я не понимаю.** [já ne pɔnimáju.]
Sprechen Sie etwas langsamer.	**Говорите медленнее, пожалуйста.** [gɔvɔríte médlenee, pɔʒáləsta.]

Ist das richtig?	**Это правильно?** [ǽtɔ právilʲnɔ?]
Was ist das? (Was bedeutet das?)	**Что это?** [ʃtó ǽtɔ?]

Entschuldigungen

Entschuldigen Sie bitte.

Извините, пожалуйста.
[izviníte, pɔʒáləsta.]

Es tut mir leid.

Я сожалею.
[já sɔʒɨléju.]

Es tut mir sehr leid.

Мне очень жаль.
[mné óʧenʲ ʒálʲ.]

Es tut mir leid, das ist meine Schuld.

Виноват /Виновата/, это моя вина.
[vinɔvát /vinɔváta/, ǽtɔ mɔjá viná.]

Das ist mein Fehler.

Моя ошибка.
[mɔjá ɔʃípka.]

Darf ich ...?

Могу я ...?
[mɔgú já ...?]

Haben Sie etwas dagegen, wenn ich ...?

Вы не будете возражать, если я ...?
[vɨ̄ ne búdete vɔzraʒátʲ, esli já ...?]

Es ist okay.

Ничего страшного.
[niʧevó stráʃnɔvɔ.]

Alles in Ordnung.

Всё в порядке.
[fsǿ f pɔrʲátke.]

Machen Sie sich keine Sorgen.

Не беспокойтесь.
[ne bespɔkójtesʲ.]

Einigung

Ja.	**Да.** [dá.]
Ja, natürlich.	**Да, конечно.** [dá, kɔnéʃnɔ.]
Ok! (Gut!)	**Хорошо!** [hɔrɔʃó!]
Sehr gut.	**Очень хорошо.** [ɔtʃenʲ hɔrɔʃó.]
Natürlich!	**Конечно!** [kɔnéʃnɔ!]
Genau.	**Я согласен /согласна/.** [já sɔglásen /saglásna/.]
Das stimmt.	**Верно.** [vérnɔ.]
Das ist richtig.	**Правильно.** [právilʲnɔ.]
Sie haben Recht.	**Вы правы.** [vī právĭ.]
Ich habe nichts dagegen.	**Я не возражаю.** [já ne vɔzraʒáju.]
Völlig richtig.	**Совершенно верно.** [sɔverʃǽnnɔ vérnɔ.]
Das kann sein.	**Это возможно.** [ǽtɔ vɔzmóʒnɔ.]
Das ist eine gute Idee.	**Это хорошая мысль.** [ǽtɔ hɔróʃaja mīslʲ.]
Ich kann es nicht ablehnen.	**Не могу отказать.** [ne mɔgú ɔtkazátʲ.]
Ich würde mich freuen.	**Буду рад /рада/.** [búdu rad /ráda/.]
Gerne.	**С удовольствием.** [s udɔvólʲstviem.]

Ablehnung. Äußerung von Zweifel

Nein.	**Нет.** [nét.]
Natürlich nicht.	**Конечно нет.** [kɔnéʃnɔ nét.]
Ich stimme nicht zu.	**Я не согласен /не согласна/.** [já ne sɔglásen /ne sɔglásna/.]
Das glaube ich nicht.	**Я так не думаю.** [já ták ne dúmaju.]
Das ist falsch.	**Это неправда.** [áɛtɔ neprávda.]

Sie liegen falsch.	**Вы неправы.** [vī neprávi.]
Ich glaube, Sie haben Unrecht.	**Я думаю, что вы неправы.** [já dúmaju, ʃtó vī neprávi.]
Ich bin nicht sicher.	**Не уверен /не уверена/.** [ne uvéren /ne uvérena/.]
Das ist unmöglich.	**Это невозможно.** [áɛtɔ nevɔzmóʒnɔ.]
Nichts dergleichen!	**Ничего подобного!** [niʧevó pɔdóbnɔvɔ!]

Im Gegenteil!	**Наоборот!** [naɔbɔrót!]
Ich bin dagegen.	**Я против.** [já prótif.]
Es ist mir egal.	**Мне всё равно.** [mné fsǿ ravnó.]
Keine Ahnung.	**Понятия не имею.** [pɔnʲátija ne iméju.]
Ich bezweifle, dass es so ist.	**Сомневаюсь, что это так.** [sɔmnevájus, ʃtó áɛtɔ ták.]

Es tut mir leid, ich kann nicht.	**Извините, я не могу.** [izviníte, já ne mɔgú.]
Es tut mir leid, ich möchte nicht.	**Извините, я не хочу.** [izviníte, já ne hɔʧú.]

Danke, das brauche ich nicht.	**Спасибо, мне это не нужно.** [spasíbɔ, mne áɛtɔ ne núʒnɔ.]
Es ist schon spät.	**Уже поздно.** [uʒǽ póznɔ.]

Ich muss früh aufstehen.

Мне рано вставать.
[mné ráno fstaváti.]

Mir geht es schlecht.

Я плохо себя чувствую.
[já plóho sebiá tʃústvuju.]

Dankbarkeit ausdrücken

Danke.	**Спасибо.** [spasíbɔ.]
Dankeschön.	**Спасибо большое.** [spasíbɔ bɔlʲʃóe.]
Ich bin Ihnen sehr verbunden.	**Очень признателен /признательна/.** [ótʃenʲ priznátelen /priznátelʲna/.]
Ich bin Ihnen sehr dankbar.	**Я вам благодарен /благодарна/.** [já vam blagɔdáren /blagɔdárna/.]
Wir sind Ihnen sehr dankbar.	**Мы Вам благодарны.** [mī vam blagɔdárnɨ.]

Danke, dass Sie Ihre Zeit geopfert haben.	**Спасибо, что потратили время.** [spasíbɔ, ʃtó potrátili vrémʲa.]
Danke für alles.	**Спасибо за всё.** [spasíbɔ za fsǿ.]
Danke für …	**Спасибо за …** [spasíbɔ za …]
Ihre Hilfe	**вашу помощь** [váʃu pómɔʃʲ]
die schöne Zeit	**хорошее время** [hɔróʃee vrémʲa]

das wunderbare Essen	**прекрасную еду** [prekrásnuju edú]
den angenehmen Abend	**приятный вечер** [prijátnɨj vétʃer]
den wunderschönen Tag	**замечательный день** [zametʃátelʲnɨj dénʲ]
die interessante Führung	**интересную экскурсию** [interésnuju ɛkskúrsiju]

Keine Ursache.	**Не за что.** [né za ʃtɔ.]
Nichts zu danken.	**Не стоит благодарности.** [ne stóit blagɔdárnɔsti.]
Immer gerne.	**Всегда пожалуйста.** [fsegdá pɔʒáləsta.]
Es freut mich, geholfen zu haben.	**Был рад /Была рада/ помочь.** [bɨl rád /bɨlá ráda/ pɔmótʃʲ.]
Vergessen Sie es.	**Забудьте. Всё в порядке.** [zabútʲte. fsǿ f pɔrʲátke.]
Machen Sie sich keine Sorgen.	**Не беспокойтесь.** [ne bespɔkójtesʲ.]

Glückwünsche. Beste Wünsche

Glückwunsch!	**Поздравляю!** [pɔzdravlʲáju!]
Alles gute zum Geburtstag!	**С днём рождения!** [z dnʲǿm rɔʒdénija!]
Frohe Weihnachten!	**Весёлого рождества!** [vesʲǿlɔvɔ rɔʒdestvá!]
Frohes neues Jahr!	**С Новым годом!** [s nóvim gódɔm!]

Frohe Ostern!	**Со Светлой Пасхой!** [sɔ svétlɔj pásxɔj!]
Frohes Hanukkah!	**Счастливой Хануки!** [ʃʲislívɔj hánuki!]

Ich möchte einen Toast ausbringen.	**У меня есть тост.** [u menʲá jéstʲ tóst.]
Auf Ihr Wohl!	**За ваше здоровье!** [za váʃe zdɔróvje!]
Trinken wir auf ...!	**Выпьем за ... !** [vīpjem za ... !]
Auf unseren Erfolg!	**За наш успех!** [za náʃ uspéh!]
Auf Ihren Erfolg!	**За ваш успех!** [za váʃ uspéh!]

Viel Glück!	**Удачи!** [udátʃi!]
Einen schönen Tag noch!	**Приятного вам дня!** [prijátnɔvɔ vam dnʲá!]
Haben Sie einen guten Urlaub!	**Хорошего вам отдыха!** [hɔróʃevɔ vam ótdiha!]
Haben Sie eine sichere Reise!	**Удачной поездки!** [udátʃnɔj pɔéstki!]
Ich hoffe es geht Ihnen bald besser!	**Желаю вам скорого выздоровления!** [ʒeláju vam skórɔvɔ vizdɔrɔvlénija!]

Sozialisieren

Warum sind Sie traurig?	**Почему вы расстроены?** [potʃemú vī rastróeni?]
Lächeln Sie!	**Улыбнитесь!** [ulɪbnítesʲl]
Sind Sie heute Abend frei?	**Вы не заняты сегодня вечером?** [vī ne zánɪti sevódnʲa vétʃerɔm?]

Darf ich Ihnen was zum Trinken anbieten?	**Могу я предложить вам выпить?** [mɔgú já predlɔʒítʲ vam vīpitʲ?]
Möchten Sie tanzen?	**Не хотите потанцевать?** [ne hɔtíte pɔtantsɛvátʲ?]
Gehen wir ins Kino.	**Может сходим в кино?** [móʒet sхódim f kinó?]

Darf ich Sie ins ... einladen?	**Могу я пригласить вас в ...?** [mɔgú já priglasítʲ vás f ...?]
Restaurant	**ресторан** [restɔrán]
Kino	**кино** [kinó]
Theater	**театр** [teátr]
auf einen Spaziergang	**на прогулку** [na prɔgúlku]

Um wie viel Uhr?	**Во сколько?** [vɔ skólʲkɔ?]
heute Abend	**сегодня вечером** [sevódnʲa vétʃerɔm]
um sechs Uhr	**в 6 часов** [f ʃæstʲ tʃasóf]
um sieben Uhr	**в 7 часов** [f sémʲ tʃasóf]
um acht Uhr	**в 8 часов** [v vósemʲ tʃasóf]
um neun Uhr	**в 9 часов** [v dévitʲ tʃasóf]

Gefällt es Ihnen hier?	**Вам здесь нравится?** [vam zdésʲ nrávitsa?]
Sind Sie hier mit jemandem?	**Вы здесь с кем-то?** [vī zdésʲ s kém-tɔ?]
Ich bin mit meinem Freund /meiner Freundin/.	**Я с другом /подругой/.** [já s drúgɔm /pɔdrúgɔj/.]

Ich bin mit meinen Freunden.	**Я с друзьями.** [já s druzjámi.]
Nein, ich bin alleine.	**Я один /одна/.** [já ɔdín /ɔdná/.]

Hast du einen Freund?	**У тебя есть приятель?** [u tebʲá jéstʲ prijátelʲ?]
Ich habe einen Freund.	**У меня есть друг.** [u menʲá jéstʲ drúk.]
Hast du eine Freundin?	**У тебя есть подружка?** [u tebʲá jéstʲ podrúʃka?]
Ich habe eine Freundin.	**У меня есть девушка.** [u menʲá jéstʲ dévuʃka.]

Kann ich dich nochmals sehen?	**Мы ещё встретимся?** [mī̆ eʃǿ fstrétimsʲa?]
Kann ich dich anrufen?	**Можно я тебе позвоню?** [móʒnɔ já tebé pɔzvɔnʲú?]
Ruf mich an.	**Позвони мне.** [pɔzvɔní mné.]
Was ist deine Nummer?	**Какой у тебя номер?** [kakój u tebʲá nómer?]
Ich vermisse dich.	**Я скучаю по тебе.** [já skutʃáju pɔ tebé.]

Sie haben einen schönen Namen.	**У вас очень красивое имя.** [u vás ótʃenʲ krasívɔe ímʲa.]
Ich liebe dich.	**Я тебя люблю.** [já tebʲá lʲublʲú.]
Willst du mich heiraten?	**Выходи за меня.** [vihɔdí za menʲá.]
Sie machen Scherze!	**Вы шутите!** [vī̆ ʃútite!]
Ich habe nur gescherzt.	**Я просто шучу.** [já próstɔ ʃutʃú.]

Ist das Ihr Ernst?	**Вы серьёзно?** [vī̆ serjóznɔ?]
Das ist mein Ernst.	**Я серьёзно.** [já serjóznɔ.]
Echt?!	**Правда?!** [právda?!]
Das ist unglaublich!	**Это невероятно!** [ǽtɔ neverɔjátnɔ!]
Ich glaube Ihnen nicht.	**Я вам не верю.** [já vam ne verʲu.]
Ich kann nicht.	**Я не могу.** [já ne mɔgú.]
Ich weiß nicht.	**Я не знаю.** [já ne znáju.]
Ich verstehe Sie nicht.	**Я вас не понимаю.** [já vás ne pɔnimáju.]

Bitte gehen Sie weg.	**Уйдите, пожалуйста.** [ujdíte, pɔʒálǝsta.]
Lassen Sie mich in Ruhe!	**Оставьте меня в покое!** [ɔstáfʲte menʲá f pokóe!]

Ich kann ihn nicht ausstehen.	**Я его не выношу.** [já evó ne vinɔʃú.]
Sie sind widerlich!	**Вы отвратительны!** [vī ɔtvratítelʲni!]
Ich rufe die Polizei an!	**Я вызову полицию!** [já vīzɔvu políʦiju!]

Gemeinsame Eindrücke. Emotionen

Das gefällt mir.
Мне это нравится.
[mné ǽtɔ nrávitsa.]

Sehr nett.
Очень мило.
[ótʃenʲ mílɔ.]

Das ist toll!
Это здорово!
[ǽtɔ zdórɔvɔ!]

Das ist nicht schlecht.
Это неплохо.
[ǽtɔ neplóhɔ.]

Das gefällt mir nicht.
Мне это не нравится.
[mné ǽtɔ ne nrávitsa.]

Das ist nicht gut.
Это нехорошо.
[ǽtɔ nehɔrɔʃó.]

Das ist schlecht.
Это плохо.
[ǽtɔ plóhɔ.]

Das ist sehr schlecht.
Это очень плохо.
[ǽtɔ ótʃenʲ plóhɔ.]

Das ist widerlich.
Это отвратительно.
[ǽtɔ ɔtvratítelʲnɔ.]

Ich bin glücklich.
Я счастлив /счастлива/.
[já ʃáslif /ʃásliva/.]

Ich bin zufrieden.
Я доволен /довольна/.
[já dɔvólen /dɔvólʲna/.]

Ich bin verliebt.
Я влюблён /влюблена/.
[já vlʲublʲón /vlʲublená/.]

Ich bin ruhig.
Я спокоен /спокойна/.
[já spɔkóen /spɔkójna/.]

Ich bin gelangweilt.
Мне скучно.
[mné skúʃnɔ.]

Ich bin müde.
Я устал /устала/.
[já ustál /ustála/.]

Ich bin traurig.
Мне грустно.
[mné grúsnɔ.]

Ich habe Angst.
Я напуган /напугана/.
[já napúgan /napúgana/.]

Ich bin wütend.
Я злюсь.
[já zlʲúsʲ.]

Ich mache mir Sorgen.
Я волнуюсь.
[já vɔlnújusʲ.]

Ich bin nervös.
Я нервничаю.
[já nérvnitʃaju.]

Ich bin eifersüchtig.

Я завидую.
[já zavíduju.]

Ich bin überrascht .

Я удивлён /удивлена/.
[já udivlǿn /udivlená/.]

Es ist mir peinlich.

Я озадачен /озадачена/.
[já ɔzadátʃen /ɔzadátʃena/.]

Probleme. Unfälle

Ich habe ein Problem.	**У меня проблема.** [u men'á probléma.]
Wir haben Probleme.	**У нас проблема.** [u nás probléma.]
Ich bin verloren.	**Я заблудился /заблудилась/.** [já zabludíls'a /zabludílas'/.]
Ich habe den letzten Bus (Zug) verpasst.	**Я опоздал на последний автобус (поезд).** [já opozdál na poslédnij aftóbus (póezd).]
Ich habe kein Geld mehr.	**У меня совсем не осталось денег.** [u men'á sofsém ne ostálos' déneg.]

Ich habe mein … verloren.	**Я потерял /потеряла/ …** [já poter'ál /poter'ála/ …]
Jemand hat mein … gestohlen.	**У меня украли …** [u men'á ukráli …]
Reisepass	**паспорт** [pásport]
Geldbeutel	**бумажник** [bumáჳnik]
Papiere	**документы** [dokuménti]
Fahrkarte	**билет** [bilét]

Geld	**деньги** [dén'gi]
Tasche	**сумку** [súmku]
Kamera	**фотоаппарат** [foto·aparát]
Laptop	**ноутбук** [noutbúk]
Tabletcomputer	**планшет** [planʃæt]
Handy	**телефон** [telefón]

Hilfe!	**Помогите!** [pomogíte!]
Was ist passiert?	**Что случилось?** [ʃtó sluʧílos'?]

Feuer	**пожар** [pɔʒár]
Schießerei	**стрельба** [strelʲbá]
Mord	**убийство** [ubíjstvɔ]
Explosion	**взрыв** [vzrĩf]
Schlägerei	**драка** [dráka]

Rufen Sie die Polizei!	**Вызовите полицию!** [vĩzɔvite pɔlítsiju!]
Beeilen Sie sich!	**Пожалуйста, быстрее!** [pɔʒáləsta, bistrée!]
Ich suche nach einer Polizeistation.	**Я ищу полицейский участок.** [já iʃʲú pɔlitsǽjskij utʃástɔk.]
Ich muss einen Anruf tätigen.	**Мне нужно позвонить.** [mné núʒnɔ pɔzvɔnítʲ.]
Kann ich Ihr Telefon benutzen?	**Могу я позвонить?** [mɔgú já pɔzvɔnítʲ?]

Ich wurde ...	**Меня ...** [menʲá ...]
ausgeraubt	**ограбили** [ɔgrábili]
überfallen	**обокрали** [ɔbɔkráli]
vergewaltigt	**изнасиловали** [iznasílɔvali]
angegriffen	**избили** [izbíli]

Ist bei Ihnen alles in Ordnung?	**С вами всё в порядке?** [s vámi fsø f pɔrʲátke?]
Haben Sie gesehen wer es war?	**Вы видели, кто это был?** [vĩ vídeli, któ ǽtɔ bĩl?]
Sind Sie in der Lage die Person wiederzuerkennen?	**Вы сможете его узнать?** [vĩ smóʒete evó uznátʲ?]
Sind sie sicher?	**Вы точно уверены?** [vĩ tótʃnɔ uvéreni?]

Beruhigen Sie sich bitte!	**Пожалуйста, успокойтесь.** [pɔʒáləsta, uspɔkójtesʲ.]
Ruhig!	**Спокойнее!** [spɔkójnee!]
Machen Sie sich keine Sorgen	**Не беспокойтесь.** [ne bespɔkójtesʲ.]
Alles wird gut.	**Всё будет хорошо.** [fsø búdet hɔrɔʃó.]
Alles ist in Ordnung.	**Всё в порядке.** [fsø f pɔrʲátke.]

Kommen Sie bitte her.

Подойдите, пожалуйста.
[pɔdɔjdíte, pɔʒáləsta.]

Ich habe einige Fragen für Sie.

У меня к вам несколько вопросов.
[u menjá k vám néskolʲkɔ vɔprósɔf.]

Warten Sie einen Moment bitte.

Подождите, пожалуйста.
[pɔdɔʒdíte, pɔʒáləsta.]

Haben Sie einen
Identifikationsnachweis?

У вас есть документы?
[u vás jéstʲ dɔkuménti?]

Danke. Sie können nun gehen.

Спасибо. Вы можете идти.
[spasíbɔ. vī móʒete itʲtí.]

Hände hinter dem Kopf!

Руки за голову!
[rúki za gólɔvu!]

Sie sind verhaftet!

Вы арестованы!
[vī arestóvani!]

Gesundheitsprobleme

Helfen Sie mir bitte.	**Помогите, пожалуйста.** [pɔmɔgíte, pɔʒálǝsta.]
Mir ist schlecht.	**Мне плохо.** [mné plóhɔ.]
Meinem Ehemann ist schlecht.	**Моему мужу плохо.** [mɔemú múʒu plóhɔ.]
Mein Sohn …	**Моему сыну …** [mɔemú sĩnu …]
Mein Vater …	**Моему отцу …** [mɔemú ɔtĭsú …]
Meine Frau fühlt sich nicht gut.	**Моей жене плохо.** [mɔéj ʒené plóhɔ.]
Meine Tochter …	**Моей дочери …** [mɔéj dótʃeri …]
Meine Mutter …	**Моей матери …** [mɔéj máteri …]
Ich habe … schmerzen.	**У меня болит …** [u menʲá bɔlít …]
Kopf-	**голова** [gɔlɔvá]
Hals-	**горло** [górlɔ]
Bauch-	**живот** [ʒivót]
Zahn-	**зуб** [zúb]
Mir ist schwindelig.	**У меня кружится голова.** [u menʲá krúʒiĭsa gɔlɔvá.]
Er hat Fieber.	**У него температура.** [u nevó temperatúra.]
Sie hat Fieber.	**У неё температура.** [u nejó temperatúra.]
Ich kann nicht atmen.	**Я не могу дышать.** [já ne mɔgú diʃátʲ.]
Ich kriege keine Luft.	**Я задыхаюсь.** [já zadihájusʲ.]
Ich bin Asthmatiker.	**Я астматик.** [já astmátik.]
Ich bin Diabetiker /Diabetikerin/	**Я диабетик.** [já diabétik.]

Ich habe Schlaflosigkeit.	**У меня бессонница.** [u menʲá bessónitsa.]
Lebensmittelvergiftung	**пищевое отравление** [piʃevóe ɔtravlénie]

Es tut hier weh.	**Болит вот здесь.** [bɔlít vót zdésʲ.]
Hilfe!	**Помогите!** [pɔmɔgíte!]
Ich bin hier!	**Я здесь!** [já zdésʲ!]
Wir sind hier!	**Мы здесь!** [mɨ zdésʲ!]
Bringen Sie mich hier raus!	**Вытащите меня!** [vɨtaʃite menʲá!]
Ich brauche einen Arzt.	**Мне нужен врач.** [mné núʒen vrátʃ.]
Ich kann mich nicht bewegen.	**Я не могу двигаться.** [já ne mɔgú dvígatsa.]
Ich kann meine Beine nicht bewegen.	**Я не чувствую ног.** [já ne tʃústvuju nók.]

Ich habe eine Wunde.	**Я ранен /ранена/.** [já ránen /ránena/.]
Ist es ernst?	**Это серьёзно?** [ǽtɔ serjóznɔ?]
Meine Dokumente sind in meiner Hosentasche.	**Мои документы в кармане.** [mɔí dɔkuménti f karmáne.]
Beruhigen Sie sich!	**Успокойтесь!** [uspɔkójtesʲ!]
Kann ich Ihr Telefon benutzen?	**Могу я позвонить?** [mɔgú já pɔzvɔnítʲ?]

Rufen Sie einen Krankenwagen!	**Вызовите скорую!** [vɨzɔvite skóruju!]
Es ist dringend!	**Это срочно!** [ǽtɔ srótʃnɔ!]
Es ist ein Notfall!	**Это очень срочно!** [ǽtɔ ótʃenʲ srótʃnɔ!]
Schneller bitte!	**Пожалуйста, быстрее!** [pɔʒáləsta, bistrée!]
Können Sie bitte einen Arzt rufen?	**Вызовите врача, пожалуйста.** [vɨzɔvite vratʃá, pɔʒáləsta.]
Wo ist das Krankenhaus?	**Скажите, где больница?** [skaʒíte, gdé bɔlʲnítsa?]

Wie fühlen Sie sich?	**Как вы себя чувствуете?** [kák vɨ sebʲá tʃústvuete?]
Ist bei Ihnen alles in Ordnung?	**С вами всё в порядке?** [s vámi fsø f pɔrʲátke?]
Was ist passiert?	**Что случилось?** [ʃtó slutʃílɔsʲ?]

Mir geht es schon besser.

Мне уже лучше.
[mné uʒǽ lútʃe.]

Es ist in Ordnung.

Всё в порядке.
[fsǿ f porʲátke.]

Alles ist in Ordnung.

Всё хорошо.
[fsǿ hɔrɔʃó.]

In der Apotheke

Apotheke	**Аптека** [aptéka]
24 Stunden Apotheke	**круглосуточная аптека** [kruglɔsútɔʧnaja aptéka]
Wo ist die nächste Apotheke?	**Где ближайшая аптека?** [gdé bliʒájʃaja aptéka?]

Ist sie jetzt offen?	**Она сейчас открыта?** [ɔná sejʧás ɔtkrĩta?]
Um wie viel Uhr öffnet sie?	**Во сколько она открывается?** [vɔ skólʲkɔ ɔná ɔtkriváeʦa?]
Um wie viel Uhr schließt sie?	**До которого часа она работает?** [dɔ kɔtórɔvɔ ʧása ɔná rabótaet?]

Ist es weit?	**Это далеко?** [ǽtɔ dalekó?]
Kann ich dort zu Fuß hingehen?	**Я дойду туда пешком?** [já dɔjdú tudá peʃkóm]
Können Sie es mir auf der Karte zeigen?	**Покажите мне на карте, пожалуйста.** [pɔkaʒíte mne na kárte, pɔʒáləsta.]

Bitte geben sie mir etwas gegen …	**Дайте мне, что-нибудь от …** [dájte mné, ʃtó-nibutʲ ɔt …]
Kopfschmerzen	**головной боли** [gɔlɔvnój bóli]
Husten	**кашля** [káʃlʲa]
eine Erkältung	**простуды** [prɔstúdi]
die Grippe	**гриппа** [grípa]

Fieber	**температуры** [temperatúri]
Magenschmerzen	**боли в желудке** [bóli v ʒelútke]
Übelkeit	**тошноты** [tɔʃnɔtĩ]
Durchfall	**диареи** [diaréi]
Verstopfung	**запора** [zapóra]
Rückenschmerzen	**боль в спине** [bólʲ f spiné]

Brustschmerzen	**боль в груди** [bólʲ v grudí]
Seitenstechen	**боль в боку** [bólʲ v bɔkú]
Bauchschmerzen	**боль в животе** [bólʲ v ʒivɔté]

Pille	**таблетка** [tablétka]
Salbe, Creme	**мазь, крем** [másʲ, krém]
Sirup	**сироп** [siróp]
Spray	**спрей** [spréj]
Tropfen	**капли** [kápli]

Sie müssen ins Krankenhaus gehen.	**Вам нужно в больницу.** [vam núʒnɔ v bɔlʲnítsu.]
Krankenversicherung	**страховка** [strahófka]
Rezept	**рецепт** [retsǽpt]
Insektenschutzmittel	**средство от насекомых** [srétstvɔ ɔt nasekómih]
Pflaster	**лейкопластырь** [lejkɔplástirʲ]

Das absolute Minimum

Entschuldigen Sie bitte, …	**Извините, …** [izviníte, …]
Hallo.	**Здравствуйте.** [zdrástvujte.]
Danke.	**Спасибо.** [spasíbɔ.]
Auf Wiedersehen.	**До свидания.** [dɔ svidánija.]
Ja.	**Да.** [dá.]
Nein.	**Нет.** [nét.]
Ich weiß nicht.	**Я не знаю.** [já ne znáju.]
Wo? | Wohin? | Wann?	**Где? | Куда? | Когда?** [gdé? | kudá? | kɔgdá?]
Ich brauche …	**Мне нужен …** [mné núʒen …]
Ich möchte …	**Я хочу …** [já hɔʧú …]
Haben Sie …?	**У вас есть …?** [u vás jéstʲ …?]
Gibt es hier …?	**Здесь есть …?** [zdésʲ éstʲ …?]
Kann ich …?	**Я могу …?** [já mɔgú …?]
Bitte (anfragen)	**пожалуйста** [pɔʒálǝsta]
Ich suche …	**Я ищу …** [já iʃú …]
die Toilette	**туалет** [tualét]
den Geldautomat	**банкомат** [bankɔmát]
die Apotheke	**аптеку** [aptéku]
das Krankenhaus	**больницу** [bɔlʲnítsu]
die Polizeistation	**полицейский участок** [pɔlitsǽjskij uʧástɔk]
die U-Bahn	**метро** [metró]

das Taxi	такси
	[taksí]
den Bahnhof	вокзал
	[vɔkzál]

Ich heiße ...	Меня зовут ...
	[menʲá zɔvút ...]
Wie heißen Sie?	Как вас зовут?
	[kák vás zɔvút?]
Helfen Sie mir bitte.	Помогите мне, пожалуйста.
	[pɔmɔgíte mné, pɔʒáləsta.]
Ich habe ein Problem.	У меня проблема.
	[u menʲá prɔbléma.]
Mir ist schlecht.	Мне плохо.
	[mné plóhɔ.]
Rufen Sie einen Krankenwagen!	Вызовите скорую!
	[vɨ̄zɔvite skóruju!]
Darf ich telefonieren?	Могу я позвонить?
	[mɔgú já pɔzvɔnítʲ?]

Entschuldigung.	Извините.
	[izviníte.]
Keine Ursache.	Пожалуйста.
	[pɔʒáləsta.]

ich	я
	[já]
du	ты
	[tɨ̄]
er	он
	[ón]
sie	она
	[ɔná]
sie (Pl, Mask.)	они
	[ɔní]
sie (Pl, Fem.)	они
	[ɔní]
wir	мы
	[mɨ̄]
ihr	вы
	[vɨ̄]
Sie	Вы
	[vɨ̄]

EINGANG	ВХОД
	[fhód]
AUSGANG	ВЫХОД
	[vɨ̄hɔd]
AUßER BETRIEB	НЕ РАБОТАЕТ
	[ne rabótaet]
GESCHLOSSEN	ЗАКРЫТО
	[zakrɨ̄tɔ]

OFFEN

ОТКРЫТО
[ɔtkrĩto]

FÜR DAMEN

ДЛЯ ЖЕНЩИН
[dlʲa ʒǽnʃin]

FÜR HERREN

ДЛЯ МУЖЧИН
[dlʲa muʃín]

KOMPAKTWÖRTERBUCH

Dieser Teil beinhaltet über
1.500 nützliche Wörter.
Das Wörterbuch beinhaltet
viele gastronomische Begriffe
und wird Ihnen hilfreich bei
der Bestellung von Essen in
einem Restaurant oder beim
Kauf von Lebensmitteln im
Lebensmittelgeschäft sein

T&P Books Publishing

INHALT WÖRTERBUCH

T&P Books Publishing

Zeit (f)	время (c)	[vrémʲa]
Stunde (f)	час (м)	[ʧás]
eine halbe Stunde	полчаса (мн)	[polʧasá]
Minute (f)	минута (ж)	[minúta]
Sekunde (f)	секунда (ж)	[sekúnda]
heute	сегодня	[sevódnʲa]
morgen	завтра	[záftra]
gestern	вчера	[fʧerá]
Montag (m)	понедельник (м)	[ponedélʲnik]
Dienstag (m)	вторник (м)	[ftórnik]
Mittwoch (m)	среда (ж)	[sredá]
Donnerstag (m)	четверг (м)	[ʧetvérg]
Freitag (m)	пятница (ж)	[pʲátniʦa]
Samstag (m)	суббота (ж)	[subóta]
Sonntag (m)	воскресенье (c)	[vɔskresénje]
Tag (m)	день (м)	[dénʲ]
Arbeitstag (m)	рабочий день (м)	[rabóʧij dénʲ]
Feiertag (m)	празник (м)	[práznik]
Wochenende (n)	выходные (мн)	[vihɔdnïje]
Woche (f)	неделя (ж)	[nedélʲa]
letzte Woche	на прошлой неделе	[na próʃloj nedéle]
nächste Woche	на следующей неделе	[na sléduʃej nedéle]
Sonnenaufgang (m)	восход (м) солнца	[vɔsxód sóntsa]
Sonnenuntergang (m)	закат (м)	[zakát]
morgens	утром	[útrɔm]
nachmittags	после обеда	[pósle ɔbéda]
abends	вечером	[véʧerɔm]
heute Abend	сегодня вечером	[sevódnʲa véʧerɔm]
nachts	ночью	[nóʧju]
Mitternacht (f)	полночь (ж)	[pólnɔʧʲ]
Januar (m)	январь (м)	[jɪnvárʲ]
Februar (m)	февраль (м)	[fevrálʲ]
März (m)	март (м)	[márt]
April (m)	апрель (м)	[aprélʲ]
Mai (m)	май (м)	[máj]
Juni (m)	июнь (м)	[ijúnʲ]
Juli (m)	июль (м)	[ijúlʲ]
August (m)	август (м)	[ávgust]

September (m)	сентябрь (м)	[sentʲábrʲ]
Oktober (m)	октябрь (м)	[ɔktʲábrʲ]
November (m)	ноябрь (м)	[nɔjábrʲ]
Dezember (m)	декабрь (м)	[dekábrʲ]

im Frühling	весной	[vesnój]
im Sommer	летом	[létɔm]
im Herbst	осенью	[ósenju]
im Winter	зимой	[zimój]

Monat (m)	месяц (м)	[mésɪʦ]
Saison (f)	сезон (м)	[sezón]
Jahr (n)	год (м)	[gód]
Jahrhundert (n)	век (м)	[vék]

2. Zahlen. Zahlwörter

Ziffer (f)	цифра (ж)	[ʦĩfra]
Zahl (f)	число (c)	[ʧisló]
Minus (n)	минус (м)	[mínus]
Plus (n)	плюс (м)	[plʲús]
Summe (f)	сумма (ж)	[súmma]

der erste	первый	[pérvij]
der zweite	второй	[ftɔrój]
der dritte	третий	[trétij]

null	ноль	[nólʲ]
eins	один	[ɔdín]
zwei	два	[dvá]
drei	три	[trí]
vier	четыре	[ʧetĩre]

fünf	пять	[pʲátʲ]
sechs	шесть	[ʃæstʲ]
sieben	семь	[sémʲ]
acht	восемь	[vósemʲ]
neun	девять	[dévɪtʲ]
zehn	десять	[désɪtʲ]

elf	одиннадцать	[ɔdínaʦatʲ]
zwölf	двенадцать	[dvenáʦatʲ]
dreizehn	тринадцать	[trináʦatʲ]
vierzehn	четырнадцать	[ʧetĩrnaʦatʲ]
fünfzehn	пятнадцать	[pitnáʦatʲ]

sechzehn	шестнадцать	[ʃɛsnáʦatʲ]
siebzehn	семнадцать	[semnáʦatʲ]
achtzehn	восемнадцать	[vɔsemnáʦatʲ]
neunzehn	девятнадцать	[devitnáʦatʲ]

zwanzig	двадцать	[dváʦatʲ]
dreißig	тридцать	[trʲíʦatʲ]
vierzig	сорок	[sórɔk]
fünfzig	пятьдесят	[pʲtʲdesʲát]

sechzig	шестьдесят	[ʃɛstʲdesʲát]
siebzig	семьдесят	[sémʲdesɪt]
achtzig	восемьдесят	[vósemʲdesɪt]
neunzig	девяносто	[devɪnóstɔ]
einhundert	сто	[stó]
zweihundert	двести	[dvésti]
dreihundert	триста	[trísta]
vierhundert	четыреста	[ʧetɯ́resta]
fünfhundert	пятьсот	[pʲtʲsót]

sechshundert	шестьсот	[ʃɛstʲsót]
siebenhundert	семьсот	[semʲsót]
achthundert	восемьсот	[vɔsemʲsót]
neunhundert	девятьсот	[devɪtʲsót]
eintausend	тысяча	[tɯ́sɪʧa]

zehntausend	десять тысяч	[désɪtʲ tɯ́sɪʧ]
hunderttausend	сто тысяч	[stó tɯ́sɪʧ]
Million (f)	миллион (m)	[milión]
Milliarde (f)	миллиард (m)	[miliárd]

3. Menschen. Familie

Mann (m)	мужчина (m)	[muʃína]
Junge (m)	юноша (m)	[júnɔʃa]
Teenager (m)	подросток (m)	[pɔdróstɔk]
Frau (f)	женщина (ж)	[ʒǽnʃina]
Mädchen (n)	девушка (ж)	[dévuʃka]

Alter (n)	возраст (m)	[vózrast]
Erwachsene (m)	взрослый	[vzróslɨj]
in mittleren Jahren	средних лет	[srédnih lét]
älterer (Adj)	пожилой	[pɔʒilój]
alt (Adj)	старый	[stárij]

Greis (m)	старик (m)	[starík]
alte Frau (f)	старая женщина (ж)	[stáraja ʒǽnʃina]
Ruhestand (m)	пенсия (ж)	[pénsija]
in Rente gehen	уйти на пенсию	[ujtí na pénsiju]
Rentner (m)	пенсионер (ж)	[pensionér]

Mutter (f)	мать (ж)	[mátʲ]
Vater (m)	отец (m)	[ɔtéʦ]
Sohn (m)	сын (m)	[sɯ̃n]
Tochter (f)	дочь (ж)	[dóʧʲ]

| Bruder (m) | брат (м) | [brát] |
| Schwester (f) | сестра (ж) | [sestrá] |

Eltern (pl)	родители (мн)	[rɔdíteli]
Kind (n)	ребёнок (м)	[rebǿnɔk]
Kinder (pl)	дети (мн)	[déti]
Stiefmutter (f)	мачеха (ж)	[máʧeha]
Stiefvater (m)	отчим (м)	[óttʃim]

Großmutter (f)	бабушка (ж)	[bábuʃka]
Großvater (m)	дедушка (м)	[déduʃka]
Enkel (m)	внук (м)	[vnúk]
Enkelin (f)	внучка (ж)	[vnúʧka]
Enkelkinder (pl)	внуки (мн)	[vnúki]

Onkel (m)	дядя (м)	[dʲádʲa]
Tante (f)	тётя (ж)	[tǿtʲa]
Neffe (m)	племянник (м)	[plemʲánik]
Nichte (f)	племянница (ж)	[plemʲánitsa]

Frau (f)	жена (ж)	[ʒená]
Mann (m)	муж (м)	[múʃ]
verheiratet (Ehemann)	женатый	[ʒenátij]
verheiratet (Ehefrau)	замужняя	[zamúʒnʲaja]
Witwe (f)	вдова (ж)	[vdɔvá]
Witwer (m)	вдовец (м)	[vdɔvéts]

| Vorname (m) | имя (с) | [ímʲa] |
| Name (m) | фамилия (ж) | [famílija] |

Verwandte (m)	родственник (м)	[rótstvenik]
Freund (m)	друг (м)	[drúg]
Freundschaft (f)	дружба (ж)	[drúʒba]

Partner (m)	партнёр (м)	[partnǿr]
Vorgesetzte (m)	начальник (м)	[naʧálʲnik]
Kollege (m), Kollegin (f)	коллега (м)	[kɔléga]
Nachbarn (pl)	соседи (мн)	[sɔsédi]

4. Menschlicher Körper. Anatomie

Organismus (m)	организм (м)	[ɔrganízm]
Körper (m)	тело (с)	[télɔ]
Herz (n)	сердце (с)	[sértse]
Blut (n)	кровь (ж)	[krófʲ]
Gehirn (n)	мозг (м)	[mósg]
Nerv (m)	нерв (м)	[nérf]

| Knochen (m) | кость (ж) | [kóstʲ] |
| Skelett (n) | скелет (м) | [skelét] |

Wirbelsäule (f)	позвоночник (м)	[pɔzvɔnótʃnik]
Rippe (f)	ребро (с)	[rebró]
Schädel (m)	череп (м)	[tʃérep]
Muskel (m)	мышца (ж)	[mĩʃtsa]
Lungen (pl)	лёгкие (мн)	[lǿhkie]
Haut (f)	кожа (ж)	[kóʒa]
Kopf (m)	голова (ж)	[gɔlɔvá]
Gesicht (n)	лицо (с)	[litsó]
Nase (f)	нос (м)	[nós]
Stirn (f)	лоб (м)	[lób]
Wange (f)	щека (ж)	[ʃʲeká]
Mund (m)	рот (м)	[rót]
Zunge (f)	язык (м)	[jɪzĩk]
Zahn (m)	зуб (м)	[zúb]
Lippen (pl)	губы (мн)	[gúbɪ]
Kinn (n)	подбородок (м)	[pɔdbɔródɔk]
Ohr (n)	ухо (с)	[úhɔ]
Hals (m)	шея (ж)	[ʃǽja]
Kehle (f)	горло (с)	[górlɔ]
Auge (n)	глаз (м)	[glás]
Pupille (f)	зрачок (м)	[zratʃók]
Augenbraue (f)	бровь (ж)	[brófʲ]
Wimper (f)	ресница (ж)	[resnítsa]
Haare (pl)	волосы (мн)	[vólɔsɪ]
Frisur (f)	причёска (ж)	[pritʃóska]
Schnurrbart (m)	усы (м мн)	[usĩ]
Bart (m)	борода (ж)	[bɔrɔdá]
haben (einen Bart ~)	носить (нсв, пх)	[nɔsítʲ]
kahl	лысый	[lĩsij]
Hand (f)	кисть (ж)	[kístʲ]
Arm (m)	рука (ж)	[ruká]
Finger (m)	палец (м)	[pálets]
Nagel (m)	ноготь (м)	[nógɔtʲ]
Handfläche (f)	ладонь (ж)	[ladónʲ]
Schulter (f)	плечо (с)	[pletʃó]
Bein (n)	нога (ж)	[nɔgá]
Fuß (m)	ступня (ж)	[stupnʲá]
Knie (n)	колено (с)	[kɔlénɔ]
Ferse (f)	пятка (ж)	[pʲátka]
Rücken (m)	спина (ж)	[spiná]
Taille (f)	талия (ж)	[tálija]
Leberfleck (m)	родинка (ж)	[ródinka]
Muttermal (n)	родимое пятно (с)	[rɔdímɔe pɪtnó]

5. Medizin. Krankheiten. Medikamente

Gesundheit (f)	здоровье (c)	[zdɔróvje]
gesund (Adj)	здоровый	[zdɔróvij]
Krankheit (f)	болезнь (ж)	[bɔléznʲ]
krank sein	болеть (нсв, нпх)	[bɔlétʲ]
krank (Adj)	больной	[bɔlʲnój]
Erkältung (f)	простуда (ж)	[prɔstúda]
sich erkälten	простудиться (св, возв)	[prɔstudítsa]
Angina (f)	ангина (ж)	[angína]
Lungenentzündung (f)	воспаление (c) лёгких	[vɔspalénie lǿhkih]
Grippe (f)	грипп (м)	[gríp]
Schnupfen (m)	насморк (м)	[násmɔrk]
Husten (m)	кашель (м)	[káʃɛlʲ]
husten (vi)	кашлять (нсв, нпх)	[káʃlɪtʲ]
niesen (vi)	чихать (нсв, нпх)	[ʧihátʲ]
Schlaganfall (m)	инсульт (м)	[insúlʲt]
Infarkt (m)	инфаркт (м)	[infárkt]
Allergie (f)	аллергия (ж)	[alergíja]
Asthma (n)	астма (ж)	[ástma]
Diabetes (m)	диабет (м)	[diabét]
Tumor (m)	опухоль (ж)	[ópuhɔlʲ]
Krebs (m)	рак (м)	[rák]
Alkoholismus (m)	алкоголизм (м)	[alkɔgɔlízm]
AIDS	СПИД (м)	[spíd]
Fieber (n)	лихорадка (ж)	[lihɔrátka]
Seekrankheit (f)	морская болезнь (ж)	[mɔrskája bɔléznʲ]
blauer Fleck (m)	синяк (м)	[sinʲák]
Beule (f)	шишка (ж)	[ʃʃka]
hinken (vi)	хромать (нсв, нпх)	[hrɔmátʲ]
Verrenkung (f)	вывих (м)	[vīvih]
ausrenken (vt)	вывихнуть (св, пх)	[vīvihnutʲ]
Fraktur (f)	перелом (м)	[perelóm]
Verbrennung (f)	ожог (м)	[ɔʒóg]
Verletzung (f)	повреждение (c)	[pɔvreʒdénie]
Schmerz (m)	боль (ж)	[bólʲ]
Zahnschmerz (m)	зубная боль (ж)	[zubnája bólʲ]
schwitzen (vi)	потеть (нсв, нпх)	[pɔtétʲ]
taub	глухой	[gluhój]
stumm	немой	[nemój]
Immunität (f)	иммунитет (м)	[imunitét]
Virus (m, n)	вирус (м)	[vírus]
Mikrobe (f)	микроб (м)	[mikrób]

| Bakterie (f) | бактерия (ж) | [baktǽrija] |
| Infektion (f) | инфекция (ж) | [inféktsija] |

Krankenhaus (n)	больница (ж)	[bɔlʲnítsa]
Heilung (f)	лечение (с)	[letʃénie]
impfen (vt)	делать прививку	[délatʲ privífku]
im Koma liegen	быть в коме	[bītʲ f kóme]
Reanimation (f)	реанимация (ж)	[reanimátsija]
Symptom (n)	симптом (м)	[simptóm]
Puls (m)	пульс (м)	[púlʲs]

6. Empfindungen. Gefühle. Unterhaltung

ich	я	[já]
du	ты	[tī]
er	он	[ón]
sie	она	[ɔná]
es	оно	[ɔnó]

wir	мы	[mī]
ihr	вы	[vī]
sie	они	[ɔní]

Hallo! (ugs.)	Здравствуй!	[zdrástvuj]
Hallo! (Amtsspr.)	Здравствуйте!	[zdrástvujte]
Guten Morgen!	Доброе утро!	[dóbrɔe útrɔ]
Guten Tag!	Добрый день!	[dóbrij dénʲ]
Guten Abend!	Добрый вечер!	[dóbrij vetʃer]

grüßen (vi, vt)	здороваться (нсв, возв)	[zdoróvatsa]
begrüßen (vt)	приветствовать (нсв, пх)	[privétstvovatʲ]
Wie geht es Ihnen?	Как у вас дела?	[kák u vás delá?]
Wie geht's dir?	Как дела?	[kák delá?]
Auf Wiedersehen!	До свидания!	[dɔ svidánija]
Danke!	Спасибо!	[spasíbɔ]

Gefühle (pl)	чувства (с мн)	[tʃústva]
hungrig sein	хотеть есть	[hɔtétʲ éstʲ]
Durst haben	хотеть пить	[hɔtétʲ pítʲ]
müde	усталый	[ustálij]

sorgen (vi)	беспокоиться (нсв, возв)	[bespɔkóitsa]
nervös sein	нервничать (нсв, нпх)	[nérvnitʃatʲ]
Hoffnung (f)	надежда (ж)	[nadéʒda]
hoffen (vi)	надеяться (нсв, возв)	[nadéitsa]

Charakter (m)	характер (м)	[harákter]
bescheiden	скромный	[skrómnij]
faul	ленивый	[lenívij]
freigebig	щедрый	[ʃʲédrij]

talentiert	талантливый	[talántlivij]
ehrlich	честный	[tʃésnij]
ernst	серьёзный	[serjǿznij]
schüchtern	робкий	[rópkij]
aufrichtig (Adj)	искренний	[ískrenij]
Feigling (m)	трус (м)	[trús]

schlafen (vi)	спать (нсв, нпх)	[spátʲ]
Traum (m)	сон (м)	[són]
Bett (n)	кровать (ж)	[krɔvátʲ]
Kissen (n)	подушка (ж)	[pɔdúʃka]

Schlaflosigkeit (f)	бессонница (ж)	[bessónitsa]
schlafen gehen	идти спать	[itʲtí spátʲ]
Alptraum (m)	кошмар (м)	[kɔʃmár]
Wecker (m)	будильник (м)	[budílʲnik]

Lächeln (n)	улыбка (ж)	[ulïpka]
lächeln (vi)	улыбаться (нсв, возв)	[ulibátsa]
lachen (vi)	смеяться (нсв, возв)	[smejátsa]

Zank (m)	ссора (ж)	[ssóra]
Kränkung (f)	оскорбление (с)	[ɔskɔrblénie]
Beleidigung (f)	обида (ж)	[ɔbída]
verärgert	сердитый	[serdítij]

7. Kleidung. Persönliche Accessoires

Kleidung (f)	одежда (ж)	[ɔdéʒda]
Mantel (m)	пальто (с)	[palʲtó]
Pelzmantel (m)	шуба (ж)	[ʃúba]
Jacke (z.B. Lederjacke)	куртка (ж)	[kúrtka]
Regenmantel (m)	плащ (м)	[pláʃ]
Hemd (n)	рубашка (ж)	[rubáʃka]
Hose (f)	брюки (мн)	[brʲúki]
Jackett (n)	пиджак (м)	[pidʒák]
Anzug (m)	костюм (м)	[kɔstʲúm]

Damenkleid (n)	платье (с)	[plátje]
Rock (m)	юбка (ж)	[júpka]
T-Shirt (n)	футболка (ж)	[futbólka]
Bademantel (m)	халат (м)	[halát]
Schlafanzug (m)	пижама (ж)	[piʒáma]
Arbeitskleidung (f)	рабочая одежда (ж)	[rabóʧaja ɔdéʒda]

Unterwäsche (f)	бельё (с)	[beljǿ]
Socken (pl)	носки (мн)	[nɔskí]
Büstenhalter (m)	бюстгальтер (м)	[bʲusgálʲter]
Strumpfhose (f)	колготки (мн)	[kɔlgótki]
Strümpfe (pl)	чулки (мн)	[ʧʲulkí]

Badeanzug (m)	купальник (м)	[kupálʲnik]
Mütze (f)	шапка (ж)	[ʃápka]
Schuhe (pl)	обувь (ж)	[óbufʲ]
Stiefel (pl)	сапоги (мн)	[sapɔɡí]
Absatz (m)	каблук (м)	[kablúk]
Schnürsenkel (m)	шнурок (м)	[ʃnurók]
Schuhcreme (f)	крем (м) для обуви	[krém dlʲa óbuvi]

Baumwolle (f)	хлопок (м)	[hlópɔk]
Wolle (f)	шерсть (ж)	[ʃǽrstʲ]
Pelz (m)	мех (м)	[méh]

Handschuhe (pl)	перчатки (ж мн)	[pertʃátki]
Fausthandschuhe (pl)	варежки (ж мн)	[váreʃki]
Schal (Kaschmir-)	шарф (м)	[ʃárf]
Brille (f)	очки (мн)	[ɔtʃkí]
Regenschirm (m)	зонт (м)	[zónt]

Krawatte (f)	галстук (м)	[gálstuk]
Taschentuch (n)	носовой платок (м)	[nɔsɔvój platók]
Kamm (m)	расчёска (ж)	[raʃóska]
Haarbürste (f)	щётка (ж) для волос	[ʃótka dlʲa vɔlós]
Schnalle (f)	пряжка (ж)	[prʲáʃka]
Gürtel (m)	пояс (м)	[pójas]
Handtasche (f)	сумочка (ж)	[súmɔtʃka]

Kragen (m)	воротник (м)	[vɔrɔtník]
Tasche (f)	карман (м)	[karmán]
Ärmel (m)	рукав (м)	[rukáf]
Hosenschlitz (m)	ширинка (ж)	[ʃirínka]

Reißverschluss (m)	молния (ж)	[mólnija]
Knopf (m)	пуговица (ж)	[púgɔvitsa]
sich beschmutzen	испачкаться (св, возв)	[ispátʃkatsa]
Fleck (m)	пятно (с)	[pʲtnó]

8. Stadt. Innerstädtische Einrichtungen

Laden (m)	магазин (м)	[magazín]
Einkaufszentrum (n)	торговый центр (м)	[tɔrgóvij tsǽntr]
Supermarkt (m)	супермаркет (м)	[supermárket]
Schuhgeschäft (n)	обувной магазин (м)	[ɔbuvnój magazín]
Buchhandlung (f)	книжный магазин (м)	[kníʒnij magazín]

Apotheke (f)	аптека (ж)	[aptéka]
Bäckerei (f)	булочная (ж)	[búlɔtʃnaja]
Konditorei (f)	кондитерская (ж)	[kɔndíterskaja]
Lebensmittelladen (m)	продуктовый магазин (м)	[prɔduktóvij magazín]
Metzgerei (f)	мясная лавка (ж)	[mɪsnája láfka]

| Gemüseladen (m) | овощная лавка (ж) | [ovoʃnája láfka] |
| Markt (m) | рынок (м) | [rĩnɔk] |

Friseursalon (m)	парикмахерская (ж)	[parihmáherskaja]
Post (f)	почта (ж)	[pótʃta]
chemische Reinigung (f)	химчистка (ж)	[himtʃístka]
Zirkus (m)	цирк (м)	[tsĩrk]
Zoo (m)	зоопарк (м)	[zɔɔpárk]
Theater (n)	театр (м)	[teátr]
Kino (n)	кинотеатр (м)	[kinɔteátr]
Museum (n)	музей (м)	[muzéj]
Bibliothek (f)	библиотека (ж)	[bibliɔtéka]

Moschee (f)	мечеть (ж)	[metʃétʲ]
Synagoge (f)	синагога (ж)	[sinagóga]
Kathedrale (f)	собор (м)	[sɔbór]

| Tempel (m) | храм (м) | [hrám] |
| Kirche (f) | церковь (ж) | [tsǽrkɔfʲ] |

Institut (n)	институт (м)	[institút]
Universität (f)	университет (м)	[universitét]
Schule (f)	школа (ж)	[ʃkóla]

| Hotel (n) | гостиница (ж) | [gɔstínitsa] |
| Bank (f) | банк (м) | [bánk] |

| Botschaft (f) | посольство (c) | [pɔsólʲstvɔ] |
| Reisebüro (n) | турагентство (c) | [tur·agénstvɔ] |

| U-Bahn (f) | метро (c) | [metró] |
| Krankenhaus (n) | больница (ж) | [bɔlʲnítsa] |

| Tankstelle (f) | автозаправка (ж) | [aftɔ·zapráfka] |
| Parkplatz (m) | стоянка (ж) | [stɔjánka] |

EINGANG	ВХОД	[fhód]
AUSGANG	ВЫХОД	[vĩhɔd]
DRÜCKEN	ОТ СЕБЯ	[ɔt sebʲá]
ZIEHEN	НА СЕБЯ	[na sebʲá]

| GEÖFFNET | ОТКРЫТО | [ɔtkrĩtɔ] |
| GESCHLOSSEN | ЗАКРЫТО | [zakrĩtɔ] |

Denkmal (n)	памятник (м)	[pámɪtnik]
Festung (f)	крепость (ж)	[krépɔstʲ]
Palast (m)	дворец (м)	[dvɔréts]

mittelalterlich	средневековый	[srednevekóvij]
alt (antik)	старинный	[starínnij]
national	национальный	[natsiɔnálʲnij]
berühmt	известный	[izvésnij]

9. Geld. Finanzen

Geld (n)	деньги (мн)	[dénⁱgi]
Münze (f)	монета (ж)	[mɔnéta]
Dollar (m)	доллар (м)	[dólar]
Euro (m)	евро (с)	[évrɔ]
Geldautomat (m)	банкомат (м)	[bankɔmát]
Wechselstube (f)	обменный пункт (м)	[ɔbménnⁱj púnkt]
Kurs (m)	курс (м)	[kúrs]
Bargeld (n)	наличные деньги (мн)	[nalítʃnie dénⁱgi]
Wie viel?	Сколько?	[skólⁱkɔ?]
zahlen (vt)	платить (нсв, н/пх)	[platítⁱ]
Lohn (m)	оплата (ж)	[ɔpláta]
Wechselgeld (n)	сдача (ж)	[zdátʃa]
Preis (m)	цена (ж)	[tsɛná]
Rabatt (m)	скидка (ж)	[skítka]
billig	дешёвый	[deʃóvij]
teuer	дорогой	[dɔrɔgój]
Bank (f)	банк (м)	[bánk]
Konto (n)	счёт (м)	[ʃʃót]
Kreditkarte (f)	кредитная карта (ж)	[kredítnaja kárta]
Scheck (m)	чек (м)	[tʃék]
einen Scheck schreiben	выписать чек	[vīpisatⁱ tʃék]
Scheckbuch (n)	чековая книжка (ж)	[tʃékɔvaja kníʃka]
Schulden (pl)	долг (м)	[dólg]
Schuldner (m)	должник (м)	[dɔlʒník]
leihen (vt)	дать в долг	[dátⁱ v dólg]
leihen, borgen (Geld usw.)	взять в долг	[vzⁱátⁱ v dólg]
leihen, mieten (ein Auto usw.)	взять напрокат	[vzⁱátⁱ naprɔkát]
auf Kredit	в кредит	[f kredít]
Geldtasche (f)	бумажник (м)	[bumáʒnik]
Safe (m)	сейф (м)	[séjf]
Erbschaft (f)	наследство (с)	[naslétstvɔ]
Vermögen (n)	состояние (с)	[sɔstɔjánie]
Steuer (f)	налог (м)	[nalóg]
Geldstrafe (f)	штраф (м)	[ʃtráf]
bestrafen (vt)	штрафовать (нсв, пх)	[ʃtrafɔvátⁱ]
Großhandels-	оптовый	[ɔptóvij]
Einzelhandels-	розничный	[róznitʃnij]
versichern (vt)	страховать (нсв, пх)	[strahɔvátⁱ]
Versicherung (f)	страховка (ж)	[strahófka]
Kapital (n)	капитал (м)	[kapitál]
Umsatz (m)	оборот (м)	[ɔbɔrót]

Aktie (f)	акция (ж)	[áktsija]
Gewinn (m)	прибыль (ж)	[príbilʲ]
gewinnbringend	прибыльный	[príbilʲnij]

Krise (f)	кризис (м)	[krízis]
Bankrott (m)	банкротство (c)	[bankrótstvɔ]
Bankrott machen	обанкротиться (нсв, возв)	[ɔbankrótitsa]

Buchhalter (m)	бухгалтер (м)	[buhgálter]
Lohn (m)	заработная плата (ж)	[zárabotnaja pláta]
Prämie (f)	премия (ж)	[prémija]

10. Transport

Bus (m)	автобус (м)	[aftóbus]
Straßenbahn (f)	трамвай (м)	[tramváj]
Obus (m)	троллейбус (м)	[trɔléjbus]

mit ... fahren	ехать на ... (нсв)	[éhatʲ na ...]
einsteigen (vi)	сесть на ... (св)	[séstʲ na ...]
aussteigen (aus dem Bus)	сойти с ... (св)	[sɔjtí s ...]

Haltestelle (f)	остановка (ж)	[ɔstanófka]
Endhaltestelle (f)	конечная остановка (ж)	[kɔnétʃnaja ɔstanófka]
Fahrplan (m)	расписание (c)	[raspisánie]
Fahrkarte (f)	билет (м)	[bilét]
sich verspäten	опаздывать на ... (нсв, нпх)	[ɔpázdivatʲ na ...]

Taxi (n)	такси (c)	[taksí]
mit dem Taxi	на такси	[na taksí]
Taxistand (m)	стоянка (ж) такси	[stɔjánka taksí]

Straßenverkehr (m)	уличное движение (c)	[úlitʃnɔe dviʒǽnie]
Hauptverkehrszeit (f)	часы пик (м)	[tʃasí pík]
parken (vi)	парковаться (нсв, возв)	[parkɔvátsa]

U-Bahn (f)	метро (c)	[metró]
Station (f)	станция (ж)	[stántsija]
Zug (m)	поезд (м)	[póezd]
Bahnhof (m)	вокзал (м)	[vɔkzál]
Schienen (pl)	рельсы (мн)	[rélʲsi]
Abteil (n)	купе (c)	[kupǽ]
Liegeplatz (m), Schlafkoje (f)	полка (ж)	[pólka]

Flugzeug (n)	самолёт (м)	[samɔlǿt]
Flugticket (n)	авиабилет (м)	[aviabilét]
Fluggesellschaft (f)	авиакомпания (ж)	[avia·kɔmpánija]
Flughafen (m)	аэропорт (м)	[aɛrɔpórt]
Flug (m)	полёт (м)	[pɔlǿt]

| Gepäck (n) | багаж (м) | [bagáʃ] |
| Kofferkuli (m) | тележка (ж) для багажа | [teléʃka dlʲa bagaʒá] |

Schiff (n)	корабль (м)	[koráblʲ]
Kreuzfahrtschiff (n)	лайнер (м)	[lájner]
Jacht (f)	яхта (ж)	[jáhta]
Boot (n)	лодка (ж)	[lótka]

Kapitän (m)	капитан (м)	[kapitán]
Kajüte (f)	каюта (ж)	[kajúta]
Hafen (m)	порт (м)	[pórt]

Fahrrad (n)	велосипед (м)	[velɔsipéd]
Motorroller (m)	мотороллер (м)	[motɔróler]
Motorrad (n)	мотоцикл (м)	[mototsĩkl]
Pedal (n)	педаль (ж)	[pedálʲ]
Pumpe (f)	насос (м)	[nasós]
Rad (n)	колесо (с)	[kɔlesó]

Auto (n)	автомобиль (м)	[aftɔmɔbílʲ]
Krankenwagen (m)	скорая помощь (ж)	[skóraja pómɔʃ]
Lastkraftwagen (m)	грузовик (м)	[gruzovík]
gebraucht	подержанный	[pɔdérʒenij]
Unfall (m)	авария (ж)	[avárija]
Reparatur (f)	ремонт (м)	[remónt]

11. Essen. Teil 1

Fleisch (n)	мясо (с)	[mʲásɔ]
Hühnerfleisch (n)	курица (ж)	[kúritsa]
Ente (f)	утка (ж)	[útka]

Schweinefleisch (n)	свинина (ж)	[svinína]
Kalbfleisch (n)	телятина (ж)	[telʲátina]
Hammelfleisch (n)	баранина (ж)	[baránina]
Rindfleisch (n)	говядина (ж)	[gɔvʲádina]

Wurst (f)	колбаса (ж)	[kɔlbasá]
Ei (n)	яйцо (с)	[jijtsó]
Fisch (m)	рыба (ж)	[rĩba]
Käse (m)	сыр (м)	[sĩr]
Zucker (m)	сахар (м)	[sáhar]
Salz (n)	соль (ж)	[sólʲ]

Reis (m)	рис (м)	[rís]
Teigwaren (pl)	макароны (мн)	[makaróni]
Butter (f)	сливочное масло (с)	[slívotʃnɔe máslɔ]
Pflanzenöl (n)	растительное масло (с)	[rastítelʲnɔe máslɔ]
Brot (n)	хлеб (м)	[hléb]
Schokolade (f)	шоколад (м)	[ʃɔkɔlád]

Wein (m)	вино (c)	[vinó]
Kaffee (m)	кофе (м)	[kófe]
Milch (f)	молоко (c)	[mɔlɔkó]
Saft (m)	сок (м)	[sók]
Bier (n)	пиво (c)	[pívɔ]
Tee (m)	чай (м)	[ʧáj]

Tomate (f)	помидор (м)	[pɔmidór]
Gurke (f)	огурец (м)	[ɔguréts]
Karotte (f)	морковь (ж)	[mɔrkófʲ]
Kartoffel (f)	картофель (м)	[kartófelʲ]
Zwiebel (f)	лук (м)	[lúk]
Knoblauch (m)	чеснок (м)	[ʧesnók]

Kohl (m)	капуста (ж)	[kapústa]
Rote Bete (f)	свёкла (ж)	[svʲǿkla]
Aubergine (f)	баклажан (м)	[baklaʒán]
Dill (m)	укроп (м)	[ukróp]
Kopf Salat (m)	салат (м)	[salát]
Mais (m)	кукуруза (ж)	[kukurúza]

Frucht (f)	фрукт (м)	[frúkt]
Apfel (m)	яблоко (c)	[jáblɔkɔ]
Birne (f)	груша (ж)	[grúʃa]
Zitrone (f)	лимон (м)	[limón]
Apfelsine (f)	апельсин (м)	[apelʲsín]
Erdbeere (f)	клубника (ж)	[klubníka]

Pflaume (f)	слива (ж)	[slíva]
Himbeere (f)	малина (ж)	[malína]
Ananas (f)	ананас (м)	[ananás]
Banane (f)	банан (м)	[banán]
Wassermelone (f)	арбуз (м)	[arbús]
Weintrauben (pl)	виноград (м)	[vinɔgrád]
Melone (f)	дыня (ж)	[dīnʲa]

12. Essen. Teil 2

Küche (f)	кухня (ж)	[kúhnʲa]
Rezept (n)	рецепт (м)	[retsǽpt]
Essen (n)	еда (ж)	[edá]

frühstücken (vi)	завтракать (нсв, нпх)	[záftrakatʲ]
zu Mittag essen	обедать (нсв, нпх)	[ɔbédatʲ]
zu Abend essen	ужинать (нсв, нпх)	[úʒinatʲ]

Geschmack (m)	вкус (м)	[fkús]
lecker	вкусный	[fkúsnij]
kalt	холодный	[hɔlódnij]
heiß	горячий	[gɔrʲáʧij]

| süß | сладкий | [slátkij] |
| salzig | солёный | [solǿnij] |

belegtes Brot (n)	бутерброд (м)	[buterbród]
Beilage (f)	гарнир (м)	[garnír]
Füllung (f)	начинка (ж)	[natʃínka]
Soße (f)	соус (м)	[sóus]
Stück (ein ~ Kuchen)	кусок (м)	[kusók]
Diät (f)	диета (ж)	[diéta]
Vitamin (n)	витамин (м)	[vitamín]
Kalorie (f)	калория (ж)	[kalórija]
Vegetarier (m)	вегетарианец (м)	[vegetariánets]

Restaurant (n)	ресторан (м)	[restɔrán]
Kaffeehaus (n)	кофейня (ж)	[kɔféjnʲa]
Appetit (m)	аппетит (м)	[apetít]
Guten Appetit!	Приятного аппетита!	[prijátnɔvɔ apetíta]

Kellner (m)	официант (м)	[ɔfitsiánt]
Kellnerin (f)	официантка (ж)	[ɔfitsiántka]
Barmixer (m)	бармен (м)	[bármɛn]
Speisekarte (f)	меню (с)	[menʲú]
Löffel (m)	ложка (ж)	[lóʃka]
Messer (n)	нож (м)	[nóʃ]
Gabel (f)	вилка (ж)	[vílka]
Tasse (eine ~ Tee)	чашка (ж)	[tʃáʃka]

Teller (m)	тарелка (ж)	[tarélka]
Untertasse (f)	блюдце (с)	[blʲútse]
Serviette (f)	салфетка (ж)	[salfétka]
Zahnstocher (m)	зубочистка (ж)	[zubɔtʃístka]

bestellen (vt)	заказать (св, пх)	[zakazátʲ]
Gericht (n)	блюдо (с)	[blʲúdɔ]
Portion (f)	порция (ж)	[pórtsija]
Vorspeise (f)	закуска (ж)	[zakúska]
Salat (m)	салат (м)	[salát]
Suppe (f)	суп (м)	[súp]

Nachtisch (m)	десерт (м)	[desért]
Konfitüre (f)	варенье (с)	[varénje]
Eis (n)	мороженое (с)	[moróʒenɔe]
Rechnung (f)	счёт (м)	[ʃǿt]
Rechnung bezahlen	оплатить счёт	[ɔplatítʲ ʃǿt]
Trinkgeld (n)	чаевые (мн)	[tʃaevĩe]

13. Haus. Wohnung. Teil 1

| Haus (n) | дом (м) | [dóm] |
| Landhaus (n) | загородный дом (м) | [zágorɔdnij dɔm] |

Villa (f)	вилла (ж)	[vílla]
Stock (m)	этаж (м)	[ɛtáʃ]
Eingang (m)	подъезд (м)	[pɔdjézd]
Wand (f)	стена (ж)	[stená]
Dach (n)	крыша (ж)	[krɨ̄ʃa]
Schlot (m)	труба (ж)	[trubá]

Dachboden (m)	чердак (м)	[tʃerdák]
Fenster (n)	окно (c)	[ɔknó]
Fensterbrett (n)	подоконник (м)	[pɔdɔkónik]
Balkon (m)	балкон (м)	[balkón]

Treppe (f)	лестница (ж)	[lésnitsa]
Briefkasten (m)	почтовый ящик (м)	[pɔtʃtóvij jáʃik]
Müllkasten (m)	мусорный бак (м)	[músɔrnij bák]
Aufzug (m)	лифт (м)	[líft]

Elektrizität (f)	электричество (c)	[ɛlektrítʃestvɔ]
Glühbirne (f)	лампочка (ж)	[lámpɔtʃka]
Schalter (m)	выключатель (м)	[viklʲutʃátelʲ]
Steckdose (f)	розетка (ж)	[rɔzétka]
Sicherung (f)	предохранитель (м)	[predɔhranítelʲ]

Tür (f)	дверь (ж)	[dvérʲ]
Griff (m)	ручка (ж)	[rútʃka]
Schlüssel (m)	ключ (м)	[klʲútʃ]
Fußmatte (f)	коврик (м)	[kóvrik]

Schloss (n)	замок (м)	[zámɔk]
Türklingel (f)	звонок (м)	[zvɔnók]
Klopfen (n)	стук (м)	[stúk]
anklopfen (vi)	стучать (нсв, нпх)	[stutʃátʲ]
Türspion (m)	глазок (м)	[glazók]

Hof (m)	двор (м)	[dvór]
Garten (m)	сад (м)	[sád]
Schwimmbad (n)	бассейн (м)	[basǽjn]
Kraftraum (m)	тренажёрный зал (м)	[trenaʒórnij zál]
Tennisplatz (m)	теннисный корт (м)	[tǽnisnij kórt]
Garage (f)	гараж (м)	[garáʃ]

Privateigentum (n)	частная собственность (ж)	[tʃásnaja sópstvenɔstʲ]
Warnschild (n)	предупреждающая надпись (ж)	[predupreʒdájuʃaja nátpisʲ]
Bewachung (f)	охрана (ж)	[ɔhrána]
Wächter (m)	охранник (м)	[ɔhránnik]

Renovierung (f)	ремонт (м)	[remónt]
renovieren (vt)	делать ремонт	[délatʲ remónt]
in Ordnung bringen	приводить в порядок	[privɔdítʲ f pɔrʲádɔk]
streichen (vt)	красить (нсв, пх)	[krásitʲ]

Tapete (f)	обои (мн)	[ɔbóɪ]
lackieren (vt)	покрывать лаком	[pɔkrivátʲ lákɔm]
Rohr (n)	труба (ж)	[trubá]
Werkzeuge (pl)	инструменты (м мн)	[ɪnstruménti]
Keller (m)	подвал (м)	[pɔdvál]
Kanalisation (f)	канализация (ж)	[kanalɪzátsija]

14. Haus. Wohnung. Teil 2

Wohnung (f)	квартира (ж)	[kvartíra]
Zimmer (n)	комната (ж)	[kómnata]
Schlafzimmer (n)	спальня (ж)	[spálʲnʲa]
Esszimmer (n)	столовая (ж)	[stɔlóvaja]

Wohnzimmer (n)	гостиная (ж)	[gɔstínaja]
Arbeitszimmer (n)	кабинет (м)	[kabinét]
Vorzimmer (n)	прихожая (ж)	[prihóȝaja]
Badezimmer (n)	ванная комната (ж)	[vánnaja kómnata]
Toilette (f)	туалет (м)	[tualét]

| Fußboden (m) | пол (м) | [pól] |
| Decke (f) | потолок (м) | [pɔtɔlók] |

Staub abwischen	вытирать пыль	[vitirátʲ pīlʲ]
Staubsauger (m)	пылесос (м)	[piłesós]
Staub saugen	пылесосить (нсв, н/пх)	[piłesósitʲ]

Schrubber (m)	швабра (ж)	[ʃvábra]
Lappen (m)	тряпка (ж)	[trʲápka]
Besen (m)	веник (м)	[vénik]
Kehrichtschaufel (f)	совок (м) для мусора	[sɔvók dlʲa músɔra]
Möbel (n)	мебель (ж)	[mébelʲ]
Tisch (m)	стол (м)	[stól]
Stuhl (m)	стул (м)	[stúl]
Sessel (m)	кресло (с)	[kréslɔ]

Bücherschrank (m)	книжный шкаф (м)	[kníȝnij ʃkáf]
Regal (n)	полка (ж)	[pólka]
Schrank (m)	гардероб (м)	[garderób]

Spiegel (m)	зеркало (с)	[zérkalɔ]
Teppich (m)	ковёр (м)	[kɔvǿr]
Kamin (m)	камин (м)	[kamín]
Vorhänge (pl)	шторы (ж мн)	[ʃtóri]
Tischlampe (f)	настольная лампа (ж)	[nastólʲnaja lámpa]
Kronleuchter (m)	люстра (ж)	[lʲústra]

Küche (f)	кухня (ж)	[kúhnʲa]
Gasherd (m)	газовая плита (ж)	[gázɔvaja plitá]
Elektroherd (m)	электроплита (ж)	[ɛléktrɔ·plitá]

Mikrowellenherd (m)	микроволновая печь (ж)	[mikrɔ·vɔlnóvaja pétʃ']
Kühlschrank (m)	холодильник (м)	[hɔlɔdíl'nik]
Tiefkühltruhe (f)	морозильник (м)	[mɔrɔzíl'nik]
Geschirrspülmaschine (f)	посудомоечная машина (ж)	[pɔsúdɔ·móetʃnaja maʃina]
Wasserhahn (m)	кран (м)	[krán]

Fleischwolf (m)	мясорубка (ж)	[mɪsɔrúpka]
Saftpresse (f)	соковыжималка (ж)	[sɔkɔ·viʒimálka]
Toaster (m)	тостер (м)	[tóstɛr]
Mixer (m)	миксер (м)	[míkser]

Kaffeemaschine (f)	кофеварка (ж)	[kɔfevárka]
Wasserkessel (m)	чайник (м)	[tʃájnik]
Teekanne (f)	чайник (м)	[tʃájnik]

Fernseher (m)	телевизор (м)	[televízɔr]
Videorekorder (m)	видеомагнитофон (м)	[vídeɔ·magnitɔfón]
Bügeleisen (n)	утюг (м)	[ut'úg]
Telefon (n)	телефон (м)	[telefón]

15. Beschäftigung. Sozialstatus

Direktor (m)	директор (м)	[diréktɔr]
Vorgesetzte (m)	начальник (м)	[natʃál'nik]
Präsident (m)	президент (м)	[prezidént]
Helfer (m)	помощник (м)	[pɔmóʃnik]
Sekretär (m)	секретарь (м)	[sekretár']

Besitzer (m)	владелец (м)	[vladélets]
Partner (m)	партнёр (м)	[partnør]
Aktionär (m)	акционер (м)	[aktsiɔnér]

Geschäftsmann (m)	бизнесмен (м)	[biznɛsmén]
Millionär (m)	миллионер (м)	[miliɔnér]
Milliardär (m)	миллиардер (м)	[miliardér]

Schauspieler (m)	актёр (м)	[aktør]
Architekt (m)	архитектор (м)	[arhitéktɔr]
Bankier (m)	банкир (м)	[bankír]
Makler (m)	брокер (м)	[bróker]
Tierarzt (m)	ветеринар (м)	[veterinár]
Arzt (m)	врач (м)	[vrátʃ]
Zimmermädchen (n)	горничная (ж)	[górnitʃnaja]
Designer (m)	дизайнер (м)	[dizájner]
Korrespondent (m)	корреспондент (м)	[kɔrespɔndént]
Ausfahrer (m)	курьер (м)	[kurjér]

Elektriker (m)	электрик (м)	[ɛléktrik]
Musiker (m)	музыкант (м)	[muzikánt]

Kinderfrau (f)	няня (ж)	[nʲánʲa]
Friseur (m)	парикмахер (м)	[parikmáher]
Hirt (m)	пастух (м)	[pastúh]

Sänger (m)	певец (м)	[pevéts]
Übersetzer (m)	переводчик (м)	[perevóttʃik]
Schriftsteller (m)	писатель (м)	[pisátelʲ]
Zimmermann (m)	плотник (м)	[plótnik]
Koch (m)	повар (м)	[póvar]

Feuerwehrmann (m)	пожарный (м)	[poʒárnij]
Polizist (m)	полицейский (м)	[politsǽjskij]
Briefträger (m)	почтальон (м)	[potʃtaljón]
Programmierer (m)	программист (м)	[prɔgramíst]
Verkäufer (m)	продавец (м)	[prɔdavéts]

Arbeiter (m)	рабочий (м)	[rabótʃij]
Gärtner (m)	садовник (м)	[sadóvnik]
Klempner (m)	сантехник (м)	[santéhnik]
Zahnarzt (m)	стоматолог (м)	[stɔmatólog]
Flugbegleiterin (f)	стюардесса (ж)	[stʲuardǽsa]

Tänzer (m)	танцор (м)	[tantsór]
Leibwächter (m)	телохранитель (м)	[telɔhranítelʲ]
Wissenschaftler (m)	учёный (м)	[utʃónij]
Lehrer (m)	учитель (м)	[utʃítelʲ]

Farmer (m)	фермер (м)	[férmer]
Chirurg (m)	хирург (м)	[hirúrg]
Bergarbeiter (m)	шахтёр (м)	[ʃahtǿr]
Chefkoch (m)	шеф-повар (м)	[ʃǽf-póvar]
Fahrer (m)	шофёр (м)	[ʃofǿr]

16. Sport

Sportart (f)	вид (м) спорта	[víd spórta]
Fußball (m)	футбол (м)	[futból]
Eishockey (n)	хоккей (м)	[hɔkéj]
Basketball (m)	баскетбол (м)	[basketból]
Baseball (m, n)	бейсбол (м)	[bejzból]

Volleyball (m)	волейбол (м)	[vɔlejból]
Boxen (n)	бокс (м)	[bóks]
Ringen (n)	борьба (ж)	[borʲbá]
Tennis (n)	теннис (м)	[tǽnis]
Schwimmen (n)	плавание (c)	[plávanie]

Schach (n)	шахматы (мн)	[ʃáhmati]
Lauf (m)	бег (м)	[bég]
Leichtathletik (f)	лёгкая атлетика (ж)	[lǿhkaja atlétika]

Eiskunstlauf (m)	**фигурное катание** (c)	[figúrnɔe katánie]
Radfahren (n)	**велоспорт** (м)	[velɔspórt]
Billard (n)	**бильярд** (м)	[biljárd]
Bodybuilding (n)	**бодибилдинг** (м)	[bɔdibílding]
Golf (n)	**гольф** (м)	[gólʲf]
Tauchen (n)	**дайвинг** (м)	[dájving]
Segelsport (m)	**парусный спорт** (м)	[párusnʲij spórt]
Bogenschießen (n)	**стрельба** (ж) **из лука**	[strelʲbá iz lúka]
Halbzeit (f)	**тайм** (м)	[tájm]
Halbzeit (f), Pause (f)	**перерыв** (м)	[pererȋf]
Unentschieden (n)	**ничья** (ж)	[nitʃjá]
unentschieden spielen	**сыграть вничью**	[sɨgrátʲ vnitʃjú]
Laufband (n)	**беговая дорожка** (ж)	[begɔvája dɔróʃka]
Spieler (m)	**игрок** (м)	[igrók]
Ersatzspieler (m)	**запасной игрок** (м)	[zapasnój igrók]
Ersatzbank (f)	**скамейка** (ж) **запасных**	[skaméjka zapasnȋh]
Spiel (n)	**матч** (м)	[máttʃ]
Tor (n)	**ворота** (мн)	[vɔróta]
Torwart (m)	**вратарь** (м)	[vratárʲ]
Tor (n)	**гол** (м)	[gól]
Olympische Spiele (pl)	**Олимпийские игры** (ж мн)	[ɔlimpíjskie ígrɨ]
einen Rekord aufstellen	**ставить рекорд**	[stávitʲ rekórd]
Finale (n)	**финал** (м)	[finál]
Meister (m)	**чемпион** (м)	[tʃempión]
Meisterschaft (f)	**чемпионат** (м)	[tʃempiɔnát]
Sieger (m)	**победитель** (м)	[pɔbedítelʲ]
Sieg (m)	**победа** (ж)	[pɔbéda]
gewinnen (Sieger sein)	**выиграть** (св, нпх)	[vȋigratʲ]
verlieren (vt)	**проиграть** (св, нпх)	[prɔigrátʲ]
Medaille (f)	**медаль** (ж)	[medálʲ]
der erste Platz	**первое место** (c)	[pérvɔe méstɔ]
der zweite Platz	**второе место** (c)	[ftɔróe méstɔ]
der dritte Platz	**третье место** (c)	[trétje méstɔ]
Stadion (n)	**стадион** (м)	[stadión]
Fan (m)	**болельщик** (м)	[bɔlélʲʃik]
Trainer (m)	**тренер** (м)	[tréner]
Training (n)	**тренировка** (ж)	[trenirófka]

17. Fremdsprachen. Orthografie

Sprache (f)	**язык** (м)	[jɪzȋk]
studieren (z.B. Jura ~)	**изучать** (нсв, пх)	[izutʃátʲ]

| Aussprache (f) | произношение (c) | [prɔiznɔʃǽnie] |
| Akzent (m) | акцент (м) | [aktsǽnt] |

Substantiv (n)	существительное (c)	[suʃestvítelʲnɔe]
Adjektiv (n)	прилагательное (c)	[prilagátelʲnɔe]
Verb (n)	глагол (м)	[glagól]
Adverb (n)	наречие (c)	[narétʃie]

Pronomen (n)	местоимение (c)	[mestɔiménie]
Interjektion (f)	междометие (c)	[meʒdɔmétie]
Präposition (f)	предлог (м)	[predlóg]

Wurzel (f)	корень (м) слова	[kórenʲ slóva]
Endung (f)	окончание (c)	[ɔkontʃánie]
Vorsilbe (f)	приставка (ж)	[pristáfka]
Silbe (f)	слог (м)	[slóg]
Suffix (n), Nachsilbe (f)	суффикс (м)	[súfiks]

Betonung (f)	ударение (c)	[udarénie]
Punkt (m)	точка (ж)	[tótʃka]
Komma (n)	запятая (ж)	[zapɪtája]
Doppelpunkt (m)	двоеточие (c)	[dvɔetótʃie]
Auslassungspunkte (pl)	многоточие (c)	[mnɔgɔtótʃie]

Frage (f)	вопрос (м)	[vɔprós]
Fragezeichen (n)	вопросительный знак (м)	[vɔprɔsítelʲnij znák]
Ausrufezeichen (n)	восклицательный знак (м)	[vɔsklitsátelʲnij znák]

in Anführungszeichen	в кавычках	[f kavī̆tʃkah]
in Klammern	в скобках	[f skópkah]
Buchstabe (m)	буква (ж)	[búkva]
Großbuchstabe (m)	большая буква (ж)	[bɔlʲʃája búkva]

Satz (m)	предложение (c)	[predlɔʒǽnie]
Wortverbindung (f)	словосочетание (c)	[slɔvɔ·sɔtʃetánie]
Redensart (f)	выражение (c)	[vɪraʒǽnie]

Subjekt (n)	подлежащее (c)	[pɔdleʒáʃee]
Prädikat (n)	сказуемое (c)	[skazúemɔe]
Zeile (f)	строка (ж)	[strɔká]
Absatz (m)	абзац (м)	[abzáts]

Synonym (n)	синоним (м)	[sinónim]
Antonym (n)	антоним (м)	[antónim]
Ausnahme (f)	исключение (c)	[isklʲutʃénie]
unterstreichen (vt)	подчеркнуть (св, пх)	[pɔttʃerknútʲ]

Regeln (pl)	правила (с мн)	[právila]
Grammatik (f)	грамматика (ж)	[gramátika]
Vokabular (n)	лексика (ж)	[léksika]

| Phonetik (f) | фонетика (ж) | [fɔnǽtika] |
| Alphabet (n) | алфавит (м) | [alfavít] |

Lehrbuch (n)	учебник (м)	[utʃébnik]
Wörterbuch (n)	словарь (м)	[slɔvárʲ]
Sprachführer (m)	разговорник (м)	[razgɔvórnik]

Wort (n)	слово (c)	[slóvɔ]
Bedeutung (f)	смысл (м)	[smĩsl]
Gedächtnis (n)	память (ж)	[pámɪtʲ]

18. Die Erde. Geografie

Erde (f)	Земля (ж)	[zemlʲá]
Erdkugel (f)	земной шар (м)	[zemnój ʃár]
Planet (m)	планета (ж)	[planéta]

Geographie (f)	география (ж)	[geɔgráfija]
Natur (f)	природа (ж)	[priróda]
Landkarte (f)	карта (ж)	[kárta]
Atlas (m)	атлас (м)	[átlas]

im Norden	на севере	[na sévere]
im Süden	на юге	[na júge]
im Westen	на западе	[na západe]
im Osten	на востоке	[na vɔstóke]

Meer (n), See (f)	море (c)	[móre]
Ozean (m)	океан (м)	[ɔkeán]
Golf (m)	залив (м)	[zalíf]
Meerenge (f)	пролив (м)	[prɔlíf]

Kontinent (m)	материк (м)	[materík]
Insel (f)	остров (м)	[óstrɔf]
Halbinsel (f)	полуостров (м)	[pɔlu·óstrɔf]
Archipel (m)	архипелаг (м)	[arhipelág]

Hafen (m)	гавань (ж)	[gávanʲ]
Korallenriff (n)	коралловый риф (м)	[kɔrálɔvij ríf]
Ufer (n)	побережье (c)	[pɔberéʒje]
Küste (f)	берег (м)	[béreg]

| Flut (f) | прилив (м) | [prilíf] |
| Ebbe (f) | отлив (м) | [ɔtlíf] |

Breite (f)	широта (ж)	[ʃirɔtá]
Länge (f)	долгота (ж)	[dɔlgɔtá]
Breitenkreis (m)	параллель (ж)	[paralélʲ]
Äquator (m)	экватор (м)	[ɛkvátɔr]
Himmel (m)	небо (c)	[nébɔ]

| Horizont (m) | горизонт (м) | [gɔrizónt] |
| Atmosphäre (f) | атмосфера (ж) | [atmɔsféra] |

Berg (m)	гора (ж)	[gɔrá]
Gipfel (m)	вершина (ж)	[verʃína]
Fels (m)	скала (ж)	[skalá]
Hügel (m)	холм (м)	[hólm]

Vulkan (m)	вулкан (м)	[vulkán]
Gletscher (m)	ледник (м)	[ledník]
Wasserfall (m)	водопад (м)	[vɔdɔpád]
Ebene (f)	равнина (ж)	[ravnína]

Fluss (m)	река (ж)	[reká]
Quelle (f)	источник (м)	[istótʃnik]
Ufer (n)	берег (м)	[béreg]
stromabwärts	вниз по течению	[vnís pɔ tetʃéniju]
stromaufwärts	вверх по течению	[vvérh pɔ tetʃéniju]

See (m)	озеро (с)	[ózerɔ]
Damm (m)	плотина (ж)	[plɔtína]
Kanal (m)	канал (м)	[kanál]
Sumpf (m), Moor (n)	болото (с)	[bɔlótɔ]
Eis (n)	лёд (м)	[lǿd]

19. Länder. Teil 1

Europa (n)	Европа (ж)	[evrópa]
Europäische Union (f)	Европейский Союз (м)	[evrɔpéjskij sɔjús]
Europäer (m)	европеец (м)	[evrɔpéets]
europäisch	европейский	[evrɔpéjskij]

Österreich	Австрия (ж)	[áfstrija]
Großbritannien	Великобритания (ж)	[velikɔbritánija]
England	Англия (ж)	[ánglija]
Belgien	Бельгия (ж)	[bélʲgija]
Deutschland	Германия (ж)	[germánija]

Niederlande (f)	Нидерланды (мн)	[niderlándi]
Holland (n)	Голландия (ж)	[gɔlándija]
Griechenland	Греция (ж)	[grétsija]
Dänemark	Дания (ж)	[dánija]
Irland	Ирландия (ж)	[irlándija]

Island	Исландия (ж)	[islándija]
Spanien	Испания (ж)	[ispánija]
Italien	Италия (ж)	[itálija]
Zypern	Кипр (м)	[kípr]
Malta	Мальта (ж)	[málʲta]
Norwegen	Норвегия (ж)	[nɔrvégija]

Portugal	Португалия (ж)	[pɔrtugálija]
Finnland	Финляндия (ж)	[finlʲándija]
Frankreich	Франция (ж)	[frántsija]
Schweden	Швеция (ж)	[ʃvétsija]

Schweiz (f)	Швейцария (ж)	[ʃvejtsárija]
Schottland	Шотландия (ж)	[ʃɔtlándija]
Vatikan (m)	Ватикан (м)	[vatikán]
Liechtenstein	Лихтенштейн (м)	[lihtɛnʃtǽjn]
Luxemburg	Люксембург (м)	[lʲuksembúrg]

Monaco	Монако (с)	[mɔnákɔ]
Albanien	Албания (ж)	[albánija]
Bulgarien	Болгария (ж)	[bɔlgárija]
Ungarn	Венгрия (ж)	[véngrija]
Lettland	Латвия (ж)	[látvija]

Litauen	Литва (ж)	[litvá]
Polen	Польша (ж)	[pólʲʃa]
Rumänien	Румыния (ж)	[rumῑnija]
Serbien	Сербия (ж)	[sérbija]
Slowakei (f)	Словакия (ж)	[slɔvákija]

Kroatien	Хорватия (ж)	[hɔrvátija]
Tschechien	Чехия (ж)	[tʲéhija]
Estland	Эстония (ж)	[ɛstónija]
Bosnien und Herzegowina	Босния и Герцеговина (ж)	[bósnija i gertsɛgɔvína]
Makedonien	Македония (ж)	[makedónija]

Slowenien	Словения (ж)	[slɔvénija]
Montenegro	Черногория (ж)	[tʲernɔgórija]
Weißrussland	Беларусь (ж)	[belarúsʲ]
Moldawien	Молдова (ж)	[mɔldóva]
Russland	Россия (ж)	[rɔsíja]
Ukraine (f)	Украина (ж)	[ukraína]

20. Länder. Teil 2

Asien	Азия (ж)	[ázija]
Vietnam	Вьетнам (м)	[vjetnám]
Indien	Индия (ж)	[índija]
Israel	Израиль (м)	[izráilʲ]
China	Китай (м)	[kitáj]

Libanon (m)	Ливан (м)	[liván]
Mongolei (f)	Монголия (ж)	[mɔngólija]
Malaysia	Малайзия (ж)	[malájzija]
Pakistan	Пакистан (м)	[pakistán]
Saudi-Arabien	Саудовская Аравия (ж)	[saúdɔfskaja arávija]

Thailand	**Таиланд** (м)	[tailánd]
Taiwan	**Тайвань** (м)	[tajvánʲ]
Türkei (f)	**Турция** (ж)	[túrtsija]
Japan	**Япония** (ж)	[jɪpónija]
Afghanistan	**Афганистан** (м)	[afganistán]
Bangladesch	**Бангладеш** (м)	[bangladéʃ]
Indonesien	**Индонезия** (ж)	[indɔnézija]
Jordanien	**Иордания** (ж)	[iɔrdánija]
Irak	**Ирак** (м)	[irák]
Iran	**Иран** (м)	[irán]
Kambodscha	**Камбоджа** (ж)	[kambódʒa]
Kuwait	**Кувейт** (м)	[kuvéjt]
Laos	**Лаос** (м)	[laós]
Myanmar	**Мьянма** (ж)	[mjánma]
Nepal	**Непал** (м)	[nepál]
Vereinigten Arabischen Emirate	**Объединённые Арабские Эмираты** (мн)	[ɔbjedinǿnnie arápskie ɛmirátɪ]
Syrien	**Сирия** (ж)	[sírija]
Palästina	**Палестина** (ж)	[palestína]
Südkorea	**Южная Корея** (ж)	[júʒnaja kɔréja]
Nordkorea	**Северная Корея** (ж)	[sévernaja kɔréja]
Die Vereinigten Staaten	**Соединённые Штаты** (мн) **Америки**	[sɔedinǿnnie ʃtátɪ amériki]
Kanada	**Канада** (ж)	[kanáda]
Mexiko	**Мексика** (ж)	[méksika]
Argentinien	**Аргентина** (ж)	[argentína]
Brasilien	**Бразилия** (ж)	[brazílija]
Kolumbien	**Колумбия** (ж)	[kɔlúmbija]
Kuba	**Куба** (ж)	[kúba]
Chile	**Чили** (ж)	[ʧíli]
Venezuela	**Венесуэла** (ж)	[venesuǽla]
Ecuador	**Эквадор** (м)	[ɛkvadór]
Die Bahamas	**Багамские острова** (ж)	[bagámskie ɔstrɔvá]
Panama	**Панама** (ж)	[panáma]
Ägypten	**Египет** (м)	[egípet]
Marokko	**Марокко** (с)	[marókɔ]
Tunesien	**Тунис** (м)	[tunís]
Kenia	**Кения** (ж)	[kénija]
Libyen	**Ливия** (ж)	[lívija]
Republik Südafrika	**ЮАР** (ж)	[juár]
Australien	**Австралия** (ж)	[afstrálija]
Neuseeland	**Новая Зеландия** (ж)	[nóvaja zelándija]

21. Wetter. Naturkatastrophen

Wetter (n)	погода (ж)	[pɔgóda]
Wetterbericht (m)	прогноз (м) погоды	[prɔgnós pɔgódi]
Temperatur (f)	температура (ж)	[temperatúra]
Thermometer (n)	термометр (м)	[termómetr]
Barometer (n)	барометр (м)	[barómetr]
Sonne (f)	солнце (c)	[sóntse]
scheinen (vi)	светить (нсв, нпх)	[svetítʲ]
sonnig (Adj)	солнечный	[sólnetʃnij]
aufgehen (vi)	взойти (св, нпх)	[vzɔjtí]
untergehen (vi)	сесть (св, нпх)	[séstʲ]
Regen (m)	дождь (м)	[dóʃtʲ], [dóʃʲ]
Es regnet	идёт дождь	[idǿt dóʃtʲ]
strömender Regen (m)	проливной дождь (м)	[prɔlivnój dóʃtʲ]
Regenwolke (f)	туча (ж)	[tútʃa]
Pfütze (f)	лужа (ж)	[lúʒa]
nass werden (vi)	промокнуть (св, нпх)	[prɔmóknutʲ]
Gewitter (n)	гроза (ж)	[grɔzá]
Blitz (m)	молния (ж)	[mólnija]
blitzen (vi)	сверкать (нсв, нпх)	[sverkátʲ]
Donner (m)	гром (м)	[gróm]
Es donnert	гремит гром	[gremít gróm]
Hagel (m)	град (м)	[grád]
Es hagelt	идёт град	[idǿt grád]
Hitze (f)	жара (ж)	[ʒará]
ist heiß	жарко	[ʒárkɔ]
ist warm	тепло	[tepló]
ist kalt	холодно	[hólɔdnɔ]
Nebel (m)	туман (м)	[tumán]
neblig (-er Tag)	туманный	[tumánnij]
Wolke (f)	облако (c)	[óblakɔ]
bewölkt, wolkig	облачный	[óblatʃnij]
Feuchtigkeit (f)	влажность (ж)	[vláʒnɔstʲ]
Schnee (m)	снег (м)	[snég]
Es schneit	идёт снег	[idǿt snég]
Frost (m)	мороз (м)	[mɔrós]
unter Null	ниже нуля	[níʒe nulʲá]
Reif (m)	иней (м)	[ínej]
Unwetter (n)	непогода (ж)	[nepɔgóda]
Katastrophe (f)	катастрофа (ж)	[katastrófa]
Überschwemmung (f)	наводнение (c)	[navɔdnénie]
Lawine (f)	лавина (ж)	[lavína]
Erdbeben (n)	землетрясение (c)	[zemletrısénie]

Erschütterung (f)	толчок (м)	[tɔltʃók]
Epizentrum (n)	эпицентр (м)	[ɛpitsǽntr]
Ausbruch (m)	извержение (c)	[izverʒǽnie]
Lava (f)	лава (ж)	[láva]

Tornado (m)	торнадо (м)	[tɔrnádɔ]
Wirbelsturm (m)	смерч (м)	[smértʃ]
Orkan (m)	ураган (м)	[uragán]
Tsunami (m)	цунами (c)	[tsunámi]
Zyklon (m)	циклон (м)	[tsiklón]

22. Tiere. Teil 1

Tier (n)	животное (c)	[ʒivótnɔe]
Raubtier (n)	хищник (м)	[híʃʲnik]

Tiger (m)	тигр (м)	[tígr]
Löwe (m)	лев (м)	[léf]
Wolf (m)	волк (м)	[vólk]
Fuchs (m)	лиса (ж)	[lisá]
Jaguar (m)	ягуар (м)	[jiguár]

Luchs (m)	рысь (ж)	[rɨsʲ]
Kojote (m)	койот (м)	[kɔjót]
Schakal (m)	шакал (м)	[ʃakál]
Hyäne (f)	гиена (ж)	[giéna]

Eichhörnchen (n)	белка (ж)	[bélka]
Igel (m)	ёж (м)	[jóʃ]
Kaninchen (n)	кролик (м)	[królik]
Waschbär (m)	енот (м)	[enót]

Hamster (m)	хомяк (м)	[hɔmʲák]
Maulwurf (m)	крот (м)	[krót]
Maus (f)	мышь (ж)	[mɨʃ]
Ratte (f)	крыса (ж)	[krɨsa]
Fledermaus (f)	летучая мышь (ж)	[letútʃaja mɨʃ]

Biber (m)	бобр (м)	[bóbr]
Pferd (n)	лошадь (ж)	[lóʃatʲ]
Hirsch (m)	олень (м)	[ɔlénʲ]
Kamel (n)	верблюд (м)	[verblʲúd]
Zebra (n)	зебра (ж)	[zébra]

Wal (m)	кит (м)	[kít]
Seehund (m)	тюлень (м)	[tʲulénʲ]
Walroß (n)	морж (м)	[mórʃ]
Delfin (m)	дельфин (м)	[delʲfín]
Bär (m)	медведь (м)	[medvétʲ]
Affe (m)	обезьяна (ж)	[ɔbezjána]

Elefant (m)	слон (м)	[slón]
Nashorn (n)	носорог (м)	[nɔsɔróg]
Giraffe (f)	жираф (м)	[ʒiráf]

Flusspferd (n)	бегемот (м)	[begemót]
Känguru (n)	кенгуру (м)	[kengurú]
Katze (f)	кошка (ж)	[kóʃka]

Kuh (f)	корова (ж)	[kɔróva]
Stier (m)	бык (м)	[bĭk]
Schaf (n)	овца (ж)	[ɔftsá]
Ziege (f)	коза (ж)	[kɔzá]

Esel (m)	осёл (м)	[ɔsǿl]
Schwein (n)	свинья (ж)	[svinjá]
Huhn (n)	курица (ж)	[kúritsa]
Hahn (m)	петух (м)	[petúh]

Ente (f)	утка (ж)	[útka]
Gans (f)	гусь (м)	[gúsʲ]
Pute (f)	индюшка (ж)	[indʲúʃka]
Schäferhund (m)	овчарка (ж)	[ɔftʃárka]

23. Tiere. Teil 2

Vogel (m)	птица (ж)	[ptítsa]
Taube (f)	голубь (м)	[gólupʲ]
Spatz (m)	воробей (м)	[vɔrɔbéj]
Meise (f)	синица (ж)	[sinítsa]
Elster (f)	сорока (ж)	[sɔróka]

Adler (m)	орёл (м)	[ɔrǿl]
Habicht (m)	ястреб (м)	[jástreb]
Falke (m)	сокол (м)	[sókɔl]

Schwan (m)	лебедь (м)	[lébetʲ]
Kranich (m)	журавль (м)	[ʒurávlʲ]
Storch (m)	аист (м)	[áist]
Papagei (m)	попугай (м)	[pɔpugáj]
Pfau (m)	павлин (м)	[pavlín]
Strauß (m)	страус (м)	[stráus]

Reiher (m)	цапля (ж)	[tsáplʲa]
Nachtigall (f)	соловей (м)	[sɔlɔvéj]
Schwalbe (f)	ласточка (ж)	[lástɔtʃka]
Specht (m)	дятел (м)	[dʲátel]
Kuckuck (m)	кукушка (ж)	[kukúʃka]
Eule (f)	сова (ж)	[sɔvá]
Pinguin (m)	пингвин (м)	[pingvín]
Tunfisch (m)	тунец (м)	[tunéts]

| Forelle (f) | форель (ж) | [forǽlʲ] |
| Aal (m) | угорь (m) | [úgorʲ] |

Hai (m)	акула (ж)	[akúla]
Krabbe (f)	краб (m)	[kráb]
Meduse (f)	медуза (ж)	[medúza]
Krake (m)	осьминог (m)	[osʲminóg]

Seestern (m)	морская звезда (ж)	[morskája zvezdá]
Seeigel (m)	морской ёж (m)	[morskój jóʃ]
Seepferdchen (n)	морской конёк (m)	[morskój konǿk]
Garnele (f)	креветка (ж)	[krevétka]

Schlange (f)	змея (ж)	[zmejá]
Viper (f)	гадюка (ж)	[gadʲúka]
Eidechse (f)	ящерица (ж)	[jáʃeritsa]
Leguan (m)	игуана (ж)	[iguána]
Chamäleon (n)	хамелеон (m)	[ħameleón]
Skorpion (m)	скорпион (m)	[skorpión]

Schildkröte (f)	черепаха (ж)	[ʧerepáha]
Frosch (m)	лягушка (ж)	[lɪgúʃka]
Krokodil (n)	крокодил (m)	[krokodíl]
Insekt (n)	насекомое (c)	[nasekómoe]
Schmetterling (m)	бабочка (ж)	[báboʧka]
Ameise (f)	муравей (m)	[muravéj]
Fliege (f)	муха (ж)	[múha]

Mücke (f)	комар (m)	[komár]
Käfer (m)	жук (m)	[ʒúk]
Biene (f)	пчела (ж)	[pʧelá]
Spinne (f)	паук (m)	[paúk]
Marienkäfer (m)	божья коровка (ж)	[bóʒja korófka]

24. Flora. Bäume

Baum (m)	дерево (c)	[dérevo]
Birke (f)	берёза (ж)	[berǿza]
Eiche (f)	дуб (m)	[dúb]
Linde (f)	липа (ж)	[lípa]
Espe (f)	осина (ж)	[osína]

Ahorn (m)	клён (m)	[klǿn]
Fichte (f)	ель (ж)	[élʲ]
Kiefer (f)	сосна (ж)	[sosná]
Zeder (f)	кедр (m)	[kédr]

Pappel (f)	тополь (m)	[tópolʲ]
Vogelbeerbaum (m)	рябина (ж)	[rɪbína]
Buche (f)	бук (m)	[búk]

Ulme (f)	вяз (м)	[vʲás]
Esche (f)	ясень (м)	[jásenʲ]
Kastanie (f)	каштан (м)	[kaʃtán]
Palme (f)	пальма (ж)	[pálʲma]
Strauch (m)	куст (м)	[kúst]

Pilz (m)	гриб (м)	[gríb]
Giftpilz (m)	ядовитый гриб (м)	[jɪdovítij gríb]
Steinpilz (m)	белый гриб (м)	[bélij gríb]
Täubling (m)	сыроежка (ж)	[sirɔéʃka]
Fliegenpilz (m)	мухомор (м)	[muhɔmór]
Grüner Knollenblätterpilz	поганка (ж)	[pɔgánka]

Blume (f)	цветок (м)	[ʦvetók]
Blumenstrauß (m)	букет (м)	[bukét]
Rose (f)	роза (ж)	[róza]
Tulpe (f)	тюльпан (м)	[tʲulʲpán]
Nelke (f)	гвоздика (ж)	[gvozdíka]

Kamille (f)	ромашка (ж)	[rɔmáʃka]
Kaktus (m)	кактус (м)	[káktus]
Maiglöckchen (n)	ландыш (м)	[lándiʃ]
Schneeglöckchen (n)	подснежник (м)	[pɔtsnéʒnik]
Seerose (f)	кувшинка (ж)	[kufʃínka]

Gewächshaus (n)	оранжерея (ж)	[ɔranʒeréja]
Rasen (m)	газон (м)	[gazón]
Blumenbeet (n)	клумба (ж)	[klúmba]
Pflanze (f)	растение (c)	[rasténie]
Gras (n)	трава (ж)	[travá]
Blatt (n)	лист (м)	[líst]
Blütenblatt (n)	лепесток (м)	[lepestók]
Stiel (m)	стебель (м)	[stébelʲ]
Jungpflanze (f)	росток (м)	[rɔstók]

Getreidepflanzen (pl)	зерновые растения (c мн)	[zernɔvɪ̈e rasténija]
Weizen (m)	пшеница (ж)	[pʃɛnítsa]
Roggen (m)	рожь (ж)	[róʃ]
Hafer (m)	овёс (м)	[ɔvøs]

Hirse (f)	просо (c)	[prósɔ]
Gerste (f)	ячмень (м)	[jɪʧménʲ]
Mais (m)	кукуруза (ж)	[kukurúza]
Reis (m)	рис (м)	[rís]

25. Verschiedene nützliche Wörter

| Anfang (m) | начало (c) | [naʧálɔ] |
| Anstrengung (f) | усилие (c) | [usílie] |

Anteil (m)	часть (ж)	[tʃástʲ]
Art (Typ, Sorte)	вид (м)	[víd]
Auswahl (f)	выбор (м)	[vĩbɔr]

Basis (f)	база (ж)	[báza]
Beispiel (n)	пример (м)	[primér]
Bilanz (f)	баланс (м)	[baláns]
dringend (Adj)	срочный	[srótʃnij]
Effekt (m)	эффект (м)	[ɛfékt]

Eigenschaft (Werkstoff~)	свойство (с)	[svójstvɔ]
Element (n)	элемент (м)	[ɛlemént]
Entwicklung (f)	развитие (с)	[razvítie]
Fachwort (n)	термин (м)	[término]
Fehler (m)	ошибка (ж)	[ɔʃĩpka]

Form (z.B. Kugel-)	форма (ж)	[fórma]
Fortschritt (m)	прогресс (м)	[prɔgrǽs]
Geheimnis (n)	тайна (ж)	[tájna]
Grad (Ausmaß)	степень (ж)	[stépenʲ]

Halt (m), Pause (f)	остановка (ж)	[ɔstanófka]
Hilfe (f)	помощь (ж)	[pómɔʃʲ]
Ideal (n)	идеал (м)	[ideál]
Kategorie (f)	категория (ж)	[kategórija]
Lösung (Problem usw.)	решение (с)	[reʃǽnie]

Moment (m)	момент (м)	[mɔmént]
Nutzen (m)	польза (ж)	[pólʲza]
Pause (kleine ~)	пауза (ж)	[páuza]
Position (f)	позиция (ж)	[pozítsija]
Problem (n)	проблема (ж)	[prɔbléma]

Prozess (m)	процесс (м)	[prɔtsǽs]
Reaktion (f)	реакция (ж)	[reáktsija]
Reihe	очередь (ж)	[ótʃeretʲ]
(Sie sind an der ~)		
Risiko (n)	риск (м)	[rísk]
Serie (f)	серия (ж)	[sérija]

Situation (f)	ситуация (ж)	[situátsija]
Standard-	стандартный	[standártnij]
Stil (m)	стиль (м)	[stílʲ]
Hindernis (n)	препятствие (с)	[prepʲátstvie]
System (n)	система (ж)	[sistéma]

Tabelle (f)	таблица (ж)	[tablítsa]
Tatsache (f)	факт (м)	[fákt]
Tempo (n)	темп (м)	[tǽmp]
Unterschied (m)	различие (с)	[razlítʃie]
Variante (f)	вариант (м)	[variánt]
Vergleich (m)	сравнение (с)	[sravnénie]

Wahrheit (f)	истина (ж)	[ístina]
Weise (Weg, Methode)	способ (м)	[spósɔb]
Zone (f)	зона (ж)	[zóna]
Zufall (m)	совпадение (c)	[sɔfpadénie]

26. Adjektive. Teil 1

ähnlich	похожий	[pɔhóʒij]
alt (z.B. die -en Griechen)	древний	[drévnij]
alt, betagt	старый	[stárij]
andauernd	продолжительный	[prɔdɔlʒítelʲnij]
arm	бедный	[bédnij]

ausgezeichnet	превосходный	[prevɔsxódnij]
Außen-, äußer	внешний	[vnéʃnij]
bitter	горький	[górʲkij]
blind	слепой	[slepój]
der letzte	последний	[pɔslédnij]

dicht (-er Nebel)	плотный	[plótnij]
dumm	глупый	[glúpij]
einfach (Problem usw.)	лёгкий	[lǿhkij]
eng, schmal (Straße usw.)	узкий	[úskij]
ergänzend	дополнительный	[dɔpɔlnítelʲnij]

flüssig	жидкий	[ʒítkij]
fruchtbar (-er Böden)	плодородный	[plɔdɔródnij]
gebraucht	бывший	[bíʃʃij]
	в употреблении	v upotreblénii]
gebräunt (sonnen-)	загорелый	[zagɔrélij]
gefährlich	опасный	[ɔpásnij]

gegensätzlich	противоположный	[prɔtivɔpɔlóʒnij]
genau, pünktlich	точный	[tóʧnij]
gerade, direkt	прямой	[prɪmój]
geräumig (Raum)	просторный	[prɔstórnij]
gesetzlich	законный	[zakónnij]

gewöhnlich	обыкновенный	[ɔbɨknɔvénnij]
glatt (z.B. poliert)	гладкий	[glátkij]
glücklich	счастливый	[ʃ'islívij]
groß	большой	[bɔlʲʃój]
hart (harter Stahl)	твёрдый	[tvǿrdij]

Haupt-	главный	[glávnij]
hauptsächlich	основной	[ɔsnɔvnój]
Heimat-	родной	[rɔdnój]
höflich	вежливый	[véʒlivij]
innen-	внутренний	[vnútrenij]
Kinder-	детский	[déʦkij]

klug, clever	умный	[úmnij]
kompatibel	совместимый	[sɔvmestímij]
kostenlos, gratis	бесплатный	[besplátnij]

krank	больной	[bolʲnój]
künstlich	искусственный	[iskústvenij]
kurz (räumlich)	короткий	[kɔrótkij]
lang (langwierig)	длинный	[dlínnij]
laut (-e Stimme)	громкий	[grómkij]

lecker	вкусный	[fkúsnij]
leer (kein Inhalt)	пустой	[pustój]
leicht (wenig Gewicht)	лёгкий	[lǿhkij]
leise (~ sprechen)	тихий	[tíhij]
link (-e Seite)	левый	[lévij]

27. Adjektive. Teil 2

matt (Lack usw.)	матовый	[mátɔvij]
möglich	возможный	[vɔzmóʒnij]
nächst (am -en Tag)	следующий	[sléduʃij]
negativ	отрицательный	[ɔtritsátelʲnij]
neu	новый	[nóvij]

nicht schwierig	нетрудный	[netrúdnij]
normal	нормальный	[nɔrmálʲnij]
obligatorisch, Pflicht-	обязательный	[ɔbɪzátelʲnij]
offen	открытый	[ɔtkrĭtij]
öffentlich	общественный	[ɔpʃéstvenij]

original (außergewöhnlich)	оригинальный	[ɔriginálʲnij]
persönlich	персональный	[persɔnálʲnij]
rätselhaft	загадочный	[zagádɔtʃnij]
recht (-e Hand)	правый	[právij]
reif (Frucht usw.)	зрелый	[zrélij]

riesig	огромный	[ɔgrómnij]
riskant	рискованный	[riskóvanij]
roh (nicht gekocht)	сырой	[sirój]
sauber (rein)	чистый	[tʃístij]
sauer	кислый	[kíslij]
scharf (-e Messer usw.)	острый	[óstrij]

schlecht	плохой	[plɔhój]
schmutzig	грязный	[grʲáznij]
schnell	быстрый	[bĭstrij]
schön (-es Mädchen)	красивый	[krasívij]
schwierig	трудный	[trúdnij]
seicht (nicht tief)	мелкий	[mélkij]
selten	редкий	[rétkij]

speziell, Spezial-	специальный	[spetsiál⁰nij]
stark (-e Konstruktion)	прочный	[prótʃnij]
stark (kräftig)	сильный	[síl⁰nij]
süß	сладкий	[slátkij]
Süß- (Wasser)	пресный	[présnij]

tiefgekühlt	замороженный	[zamɔróʒenij]
tot	мёртвый	[mǿrtvij]
traurig, unglücklich	печальный	[petʃál⁰nij]
übermäßig	чрезмерный	[tʃrezmérnij]
unbeweglich	неподвижный	[nepɔdvíʒnij]

undeutlich	неясный	[nejásnij]
Untergrund- (geheim)	подпольный	[pɔtpól⁰nij]
voll (gefüllt)	полный	[pólnij]
vorig (in der -en Woche)	прошлый	[próʃlij]
vorzüglich	отличный	[ɔtlítʃnij]

wahrscheinlich	вероятный	[verɔjátnij]
weich (-e Wolle)	мягкий	[m⁰áhkij]
wichtig	важный	[váʒnij]
zentral (in der Mitte)	центральный	[tsɛntrál⁰nij]
zerbrechlich	хрупкий	[hrúpkij]
(Porzellan usw.)		
zufrieden	довольный	[dɔvól⁰nij]

28. Verben. Teil 1

abbiegen (nach links ~)	поворачивать (нсв, нпх)	[pɔvɔrátʃivat⁰]
abbrechen (vi)	прекращать (нсв, пх)	[prekraʃát⁰]
abhängen von ...	зависеть (нсв, нпх)	[zavíset⁰]
abschaffen (vt)	отменить (св, пх)	[ɔtmenít⁰]
abschicken (vt)	отправлять (нсв, пх)	[ɔtpravl⁰át⁰]

ändern (vt)	изменить (св, пх)	[izmenít⁰]
Angst haben	бояться (нсв, возв)	[bɔjátsa]
anklagen (vt)	обвинять (нсв, пх)	[ɔbvin⁰át⁰]
ankommen (vi)	приезжать (нсв, нпх)	[prieʒʒát⁰]
ansehen (vt)	глядеть на ... (нсв)	[gl⁰adét⁰ na ...]
antworten (vi)	отвечать (нсв, пх)	[ɔtvetʃát⁰]

ankündigen (vt)	объявлять (нсв, пх)	[ɔbjɪvl⁰át⁰]
arbeiten (vi)	работать (нсв, нпх)	[rabótat⁰]
auf ... zählen	рассчитывать на ... (нсв)	[raʃʃítivat⁰ na ...]
aufbewahren (vt)	сохранять (нсв, пх)	[sɔhran⁰át⁰]
aufräumen (vt)	убирать (нсв, пх)	[ubirát⁰]

ausschalten (vt)	выключать (нсв, пх)	[vikl⁰utʃát⁰]
bauen (vt)	строить (нсв, пх)	[stróit⁰]
beenden (vt)	заканчивать (нсв, пх)	[zakántʃivat⁰]

beginnen (vt)	начинать (нсв, пх)	[natʃinátʲ]
bekommen (vt)	получить (св, пх)	[polutʃítʲ]
besprechen (vt)	обсуждать (нсв, пх)	[ɔpsuʒdátʲ]
bestätigen (vt)	подтвердить (св, пх)	[pottverdítʲ]
bestehen auf	настаивать (нсв, нпх)	[nastáivatʲ]
beten (vi)	молиться (нсв, возв)	[mɔlítsa]
beweisen (vt)	доказывать (нсв, пх)	[dɔkázivatʲ]
brechen (vt)	ломать (нсв, пх)	[lɔmátʲ]
danken (vi)	благодарить (нсв, пх)	[blagɔdarítʲ]
denken (vi, vt)	думать (нсв, н/пх)	[dúmatʲ]
einladen (vt)	приглашать (нсв, пх)	[priglaʃátʲ]
einschalten (vt)	включать (нсв, пх)	[fklʲutʃátʲ]
einstellen (vt)	прекращать (нсв, пх)	[prekraʃátʲ]
entscheiden (vt)	решать (нсв, пх)	[reʃátʲ]
entschuldigen (vt)	извинять (нсв, пх)	[izvinʲátʲ]
erklären (vt)	объяснять (нсв, пх)	[ɔbjɪsnʲátʲ]
erlauben, gestatten (vt)	разрешать (нсв, пх)	[razreʃátʲ]
ermorden (vt)	убивать (нсв, пх)	[ubivátʲ]
erzählen (vt)	рассказывать (нсв, пх)	[raskázivatʲ]
essen (vi, vt)	есть (нсв, н/пх)	[éstʲ]
existieren (vi)	существовать (нсв, нпх)	[suʃestvɔvátʲ]
fallen (vi)	падать (нсв, нпх)	[pádatʲ]
fallen lassen	ронять (нсв, пх)	[rɔnʲátʲ]
fangen (vt)	ловить (нсв, пх)	[lɔvítʲ]
fehlen (am Arbeitsplatz ~)	отсутствовать (нсв, нпх)	[ɔtsútstvɔvatʲ]
finden (vt)	находить (нсв, пх)	[nahɔdítʲ]
fliegen (vi)	лететь (нсв, нпх)	[letétʲ]
fragen (vt)	спрашивать (нсв, пх)	[spráʃivatʲ]
frühstücken (vi)	завтракать (нсв, нпх)	[záftrakatʲ]

29. Verben. Teil 2

geben (vt)	давать (нсв, пх)	[davátʲ]
geboren sein	родиться (св, возв)	[rɔdítsa]
gefallen (vi)	нравиться (нсв, возв)	[nrávitsa]
gehen (zu Fuß gehen)	идти (нсв, нпх)	[itʲtí]
gehören (vi)	принадлежать ... (нсв, нпх)	[prinadleʒátʲ ...]
glauben (vt)	верить (нсв, пх)	[véritʲ]
graben (vt)	рыть (нсв, пх)	[rītʲ]
gratulieren (vi)	поздравлять (нсв, пх)	[pɔzdravlʲátʲ]
haben (vt)	иметь (нсв, пх)	[imétʲ]
hassen (vt)	ненавидеть (нсв, пх)	[nenavídetʲ]
helfen (vi)	помогать (нсв, пх)	[pɔmɔgátʲ]

hoffen (vi)	надеяться (нсв, возв)	[nadéɪtsa]
hören (vt)	слышать (нсв, пх)	[slíʃatʲ]
jagen (vi)	охотиться (нсв, возв)	[ɔhótitsa]

kaufen (vt)	покупать (нсв, пх)	[pɔkupátʲ]
kennen (vt)	знать (нсв, пх)	[znátʲ]
klagen (vi)	жаловаться (нсв, возв)	[ʒálɔvatsa]
können (v mod)	мочь (нсв, нпх)	[mótʃʲ]
können (v mod)	мочь	[mótʃʲ]
kopieren (vt)	скопировать (св, пх)	[skɔpírɔvatʲ]

kosten (vt)	стоить (нсв, пх)	[stóitʲ]
kränken (vt)	оскорблять (нсв, пх)	[ɔskɔrblʲátʲ]
lächeln (vi)	улыбаться (нсв, возв)	[ulɨbátsa]
laufen (vi)	бежать (н/св, нпх)	[beʒátʲ]
lernen (vt)	изучать (нсв, пх)	[izutʃátʲ]

lesen (vi, vt)	читать (нсв, н/пх)	[tʃitátʲ]
lieben (vt)	любить (нсв, пх)	[lʲubítʲ]
löschen (vt)	удалить (св, пх)	[udalítʲ]
machen (vt)	делать (нсв, пх)	[délatʲ]
mieten (Haus usw.)	снимать (нсв, пх)	[snimátʲ]

müde werden	уставать (нсв, нпх)	[ustavátʲ]
nehmen (vt)	брать (нсв), взять (св)	[brátʲ], [vzʲátʲ]
noch einmal sagen	повторять (нсв, пх)	[pɔftɔrʲátʲ]
öffnen (vt)	открывать (нсв, пх)	[ɔtkrivátʲ]
prüfen (vt)	проверять (нсв, пх)	[prɔverʲátʲ]
rechnen (vt)	считать (нсв, пх)	[ʃʲitátʲ]

reservieren (vt)	резервировать (н/св, пх)	[rezervírɔvatʲ]
retten (vt)	спасать (нсв, пх)	[spasátʲ]
sagen (vt)	сказать (нсв, пх)	[skazátʲ]
schaffen (Etwas Neues zu ~)	создать (св, пх)	[sɔzdátʲ]
schießen (vi)	стрелять (нсв, нпх)	[strelʲátʲ]
schlagen (vt)	бить (нсв, пх)	[bítʲ]

schließen (vt)	закрывать (нсв, пх)	[zakrivátʲ]
schreiben (vi, vt)	писать (нсв, пх)	[pisátʲ]
schreien (vi)	кричать (нсв, нпх)	[kritʃátʲ]
schwimmen (vi)	плавать (нсв, нпх)	[plávatʲ]
sehen (vi, vt)	видеть (нсв, пх)	[vídetʲ]

30. Verben. Teil 3

sich beeilen	спешить (нсв, нпх)	[speʃítʲ]
sich beeilen	торопиться (нсв, возв)	[tɔrɔpítsa]
sich entschuldigen	извиняться (нсв, возв)	[izvinʲátsa]
sich irren	ошибаться (нсв, возв)	[ɔʃibátsa]

sich prügeln	**драться** (нсв, возв)	[drátsa]
sich scheiden lassen	**развестись** (св, возв)	[razvestísʲ]
sich setzen	**садиться** (нсв, возв)	[sadítsa]
sich treffen	**встречаться** (нсв, возв)	[fstretʃátsa]
gehorchen (vi)	**подчиниться** (св, возв)	[pottʃinítsa]
singen (vt)	**петь** (нсв, н/пх)	[pétʲ]
spielen (vi, vt)	**играть** (нсв, нпх)	[igrátʲ]
sprechen (vi)	**говорить** (нсв, н/пх)	[gɔvɔrítʲ]
sprechen mit ...	**говорить с ...** (нсв)	[gɔvɔrítʲ s ...]
stehlen (vt)	**красть** (нсв, н/пх)	[krástʲ]
sterben (vi)	**умереть** (св, нпх)	[umerétʲ]
stören (vt)	**беспокоить** (нсв, пх)	[bespɔkóitʲ]
tanzen (vi, vt)	**танцевать** (нсв, н/пх)	[tantsɛvátʲ]
tauchen (vi)	**нырять** (нсв, нпх)	[nirʲátʲ]
täuschen (vt)	**обманывать** (нсв, пх)	[ɔbmánivatʲ]
teilnehmen (vi)	**участвовать** (нсв, нпх)	[utʃástvɔvatʲ]
trinken (vt)	**пить** (нсв, н/пх)	[pítʲ]
trocknen (vt)	**сушить** (нсв, пх)	[suʃítʲ]
übersetzen (Buch usw.)	**переводить** (нсв, пх)	[perevɔdítʲ]
unterschreiben (vt)	**подписывать** (нсв, пх)	[pɔtpísivatʲ]
verachten (vt)	**презирать** (нсв, пх)	[prezirátʲ]
verbieten (vt)	**запретить** (св, пх)	[zapretítʲ]
vergessen (vt)	**забывать** (нсв, пх)	[zabivátʲ]
vergleichen (vt)	**сравнивать** (нсв, пх)	[srávnivatʲ]
verkaufen (vt)	**продавать** (нсв, пх)	[prɔdavátʲ]
verlangen (vt)	**требовать** (нсв, пх)	[trébɔvatʲ]
verlieren (Regenschirm usw.)	**терять** (нсв, пх)	[terʲátʲ]
verneinen (vt)	**отрицать** (нсв, пх)	[ɔtritsátʲ]
versäumen (vt)	**пропускать** (нсв, пх)	[prɔpuskátʲ]
verschwinden (vi)	**исчезнуть** (св, нпх)	[isʃéznutʲ]
versprechen (vt)	**обещать** (н/св, пх)	[ɔbeʃátʲ]
verstecken (vt)	**прятать** (нсв, пх)	[prʲátatʲ]
verstehen (vt)	**понимать** (нсв, пх)	[pɔnimátʲ]
versuchen (vt)	**пытаться** (нсв, возв)	[pitátsa]
vertrauen (vi)	**доверять** (нсв, пх)	[dɔverʲátʲ]
verzeihen (vt)	**прощать** (нсв, пх)	[prɔʃátʲ]
voraussehen (vt)	**предвидеть** (нсв, пх)	[predvídetʲ]
vorschlagen (vt)	**предлагать** (нсв, пх)	[predlagátʲ]
wählen (vt)	**выбирать** (нсв, пх)	[vibirátʲ]
warten (vi)	**ждать** (нсв, пх)	[ʒdátʲ]
weinen (vi)	**плакать** (нсв, нпх)	[plákatʲ]
Witz machen	**шутить** (нсв, нпх)	[ʃutítʲ]
wollen (vt)	**хотеть** (нсв, пх)	[hɔtétʲ]
zahlen (vt)	**платить** (нсв, н/пх)	[platítʲ]

zeigen (jemandem etwas)	показывать (нсв, пх)	[pɔkázivatʲ]
zu Abend essen	ужинать (нсв, нпх)	[úʒinatʲ]
zu Mittag essen	обедать (нсв, нпх)	[ɔbédatʲ]
zubereiten (vt)	готовить (нсв, пх)	[gɔtóvitʲ]
zustimmen (vi)	соглашаться (нсв, возв)	[sɔglaʃátsa]
zweifeln (vi)	сомневаться (нсв, возв)	[sɔmnevátsa]